Daniel Schiesser/Claudio Nodari   **Förderung des Leseverstehens**

Daniel Schiesser/Claudio Nodari

Förderung des Leseverstehens in der Berufsschule

Bildung
Medien
Kommunikation

www.hep-verlag.ch
der bildungsverlag

Daniel Schiesser/Claudio Nodari
Förderung des Leseverstehens in der Berufsschule
ISBN 978-3-03905-265-3

Herausgeber:
Baugewerbliche Berufsschule Zürich BBZ
Berufsschule Mode und Gestaltung Zürich MGZ

Umschlagbild: www.photocase.de © madsyco
Umschlagkonzept: Wiggenhauser & Woodtli, Zürich
Satz: Typodesign Bauer, Waiblingen (Deutschland)

Bibliografische Information der Deutschen Bibliothek
Die Deutsche Bibliothek verzeichnet diese Publikation
in der Deutschen Nationalbibliografie;
detaillierte bibliografische Angaben sind im Internet
unter http://dnb.ddb.de abrufbar.

1. Auflage 2007
Alle Rechte vorbehalten
Coypright © 2007 h.e.p. verlag ag, Bern

h.e.p. verlag ag
Bildung.Medien.Kommunikation
Brunngasse 36
CH-3011 Bern

www.hep-verlag.ch

Inhaltsverzeichnis

Vorwort 9

1 Einleitung 13

2 Das Schulentwicklungsprojekt
  «Deutschförderung in der Lehre» 17

  2.1 Der Bezugsrahmen 17
  2.1.1 Die Selbst- und Fremdeinschätzung von Lesekompetenzen 18
  2.1.2 Sprachförderung für alle in allen Unterrichtsfächern 20
  2.1.3 Spezielle Fördermassnahmen 21

  2.2 Probleme des Leseverstehens, oder:
      Warum haben Berufslernende Mühe mit Texten? 23
  2.2.1 Die Berufslernenden 24
  2.2.2 Die Lehrpersonen 25
  2.2.3 Die Texte 27

  2.3 Wege zur Problemlösung, oder:
      Wie können Lesekompetenzen gefördert werden? 29
  2.3.1 Von der Kann-Formulierung zur Aufgabenstellung 30
  2.3.2 Von der Kann-Formulierung zur Fremdevaluation 31
  2.3.3 Von der Kann-Formulierung zur Selbstevaluation 32

  2.4 Erhebung der Lesekompetenzen 32
  2.4.1 Die Deskriptorenliste für Berufsschulen 33
  2.4.2 Unterscheidung nach «Prüfungstypen» 36
  2.4.3 Die Rolle der Selbsteinschätzung 37
  2.4.4 Einbindung der Erhebung in die Fördermassnahmen 38
  2.4.5 Prospektive Wirkung der Erhebung 38
  2.4.6 Organisation und Durchführung der Erhebung 39
  2.4.7 Einstufung nach GER für alle 40

3 Grundlagen der Lesedidaktik 43

3.1 Didaktik Deutsch als Erstsprache vs. Deutsch als Zweitsprache 43
3.2 Verstehen und Lernen als sprachliche Handlungen 47
3.3 Textkompetenz 50
3.4 Leseverstehen 54
3.4.1 Sprachsystem 54
3.4.2 Weltwissen 55
3.4.3 Kontext 55
3.4.4 Textsorten 56
3.5 Drei Arten des Lesens 56
3.5.1 Gezieltes Leseverstehen 57
3.5.2 Globales Leseverstehen 58
3.5.3 Detailliertes Leseverstehen 58
3.6 Die Top-down-Inhaltserfassung 59

4 Didaktisieren von Texten 63

4.1 Zur Auswahl der Lesetexte 65
4.1.1 Curriculum 65
4.1.2 Aktuelle Themen 56
4.1.3 Lehrmittel 66
4.1.4 Textqualität 67
4.2 Konzept für die Didaktisierung 69
4.3 Die vier Phasen der Lektüre 70
4.3.1 Phase 1 – Vorentlastung 71
4.3.2 Phase 2 – Inhaltserfassung 73
4.3.3 Phase 3 – Reflexion 78
4.3.4 Phase 4 – Inhaltserweiterung 79
4.4 Einbezug der Lesetechniken 80
4.4.1 Die Einteilung der zwölf Regeln 82

4.5	Progression der Leseaufträge	85
4.5.1	Lesetechniken und Progression	86
4.5.2	Binnendifferenzierung	87
4.6	Leitideen für den Einsatz didaktisierter Texte	88
4.7	Didaktisieren im Schulalltag	89
4.7.1	Schriftliches Didaktisieren von ganzen Lektionen	89
4.7.2	Didaktisieren von textorientierten Sequenzen	90
4.7.3	Ad-hoc-Aufträge zum Lesen	90

5 Perspektiven für die Ausbildung und Weiterbildung von Lehrpersonen ... 91

5.1	Anforderungen an die Berufsschulen	91
5.1.1	Können die Berufsschulen genügende Sprachkenntnis als Basis für die Berufsausbildung voraussetzen?	91
5.1.2	Ist es die Aufgabe der Berufsschulen, Sprachkenntnisse zu vermitteln?	92
5.1.3	Braucht es das Fach Deutsch an den gewerblichen Berufsschulen?	92
5.1.4	Welchen Stellenwert hat die Sprachdidaktik in der Berufsausbildung?	93
5.1.5	Welche sprachdidaktischen Kompetenzen benötigen Lehrpersonen an der Berufsschule?	93
5.2	Innovative Deutschdidaktik	93
5.3	Rückmeldungen aus der Weiterbildung «Texte didaktisieren»	94

6 Ein didaktisierter Text ... 97

7 Literatur ... 105

Vorwort

Dieses Buch beruht auf Erkenntnissen aus dem Schulentwicklungsprojekt *Deutschförderung in der Lehre,* das an der Baugewerblichen Berufsschule Zürich (BBZ) und an der Berufsschule für Mode und Gestaltung Zürich (MGZ) in den Jahren 1999 bis 2004 durchgeführt wurde.

Die Lehrpersonen beider Schulen hatten seit längerer Zeit festgestellt, dass die sprachlichen Kompetenzen vor allem der fremdsprachigen Berufslernenden für die Verarbeitung der Unterrichtsinhalte in einigen Berufslehren nicht genügten. Ein erfolgreicher Lehrabschluss war zunehmend gefährdet, die Lehrabbrüche nahmen zu.

Der Wunsch der Schule war es damals, in Anlehnung an die erfolgreichen Mathematikfördermassnahmen über einen Deutscheinstufungstest zu verfügen, mit dem sich feststellen liesse, welche Berufslernenden einen speziellen Förderunterricht benötigten. Mit diesem Anliegen wandte sich der Rektor der BBZ, Urban Vecellio, 1999 an das Institut für Interkulturelle Kommunikation (IIK) in Zürich.

Nach wenigen Arbeitssitzungen mit der Schulleitung und der ad hoc einberufenen Projektarbeitsgruppe waren sich alle Beteiligten einig darin, dass ein Einstufungstest sehr wenig zu einer effizienten und nachhaltigen Sprachförderung beitragen würde, denn mit einem Test hätte man lediglich feststellen können, was alle bereits wussten – dass nämlich die Deutschkompetenzen vieler neu eintretender und vor allem fremdsprachiger Berufslernender den Ansprüchen einer Berufslehre nicht genügten und dass mehr Förderkurse einzurichten waren. Welche Kompetenzen für einen erfolgreichen Lehrabschluss notwendig sind und wie genau die Förderung aussehen sollte – diese Fragen wären mit einem Test unbeantwortet geblieben.

Es wurde bald einmal klar, dass die Deutschförderung in der Lehre nur über eine Änderung der bisherigen Förderkultur der Schulen zu erreichen war. Anstelle von Tests sollten Instrumente für die Selbst- und Fremdeinschätzung von Sprachkompetenzen eingesetzt werden, wie sie 1999 mit der Probefassung des Europäischen Sprachenportfolios bereits zur Verfügung standen. Nachdem zu Beginn des Projekts noch die Idee bestanden hatte, für die Berufslernenden ein alle Sprachfertigkeiten umfassendes Sprachenportfolio zu erarbeiten, zeigte sich bald, dass dieses Ziel nicht sinnvoll war. In den

Bereichen Hörverstehen und dialogisches Sprechen bekunden auch die fremdsprachigen Jugendlichen keine Mühe, zumal an den Berufsschulen der Fachunterricht häufig in Mundart gehalten wird. Ein dringendes Förderungsbedürfnis bestand dagegen in den Bereichen Leseverstehen und Schreiben, unter anderem auch, weil alle Lehrabschlüsse zunehmend Kompetenzen im Umgang mit schriftlichen Texten verlangen.

Das Sprachförderkonzept der Projektarbeitsgruppe
umfasste deshalb drei Ziele:
1. die Entwicklung von Instrumenten der Selbst- und Fremdeinschätzung speziell für die beiden Berufsschulen; diese Instrumente sollten eine für die Lernenden nachvollziehbare Standortbestimmung der Lesekompetenzen erlauben;
2. die Implementierung einer Leseförderung im allgemeinbildenden Unterricht und im Fachunterricht, unterstützt durch Weiterbildung der Lehrpersonen und durch eine Sammlung von lesedidaktisch aufbereiteten Texten;
3. der Aufbau eines gezielten Trainingsangebots für leseschwache Berufslernende.

Die Entwicklungen und Umsetzungen durch die Arbeitsgruppe und – im späteren Verlauf des Projekts – durch einen erweiterten Kreis von Lehrpersonen führten zu erstaunlichen Resultaten. Jugendliche, die vorher nie eine Zeitung lasen, kamen mit der Gratiszeitung zur Schule; Schülerinnen und Schüler, die sich vorher nie länger als zehn Minuten mit einem Text auseinandersetzten, arbeiteten konzentriert während zweier Lektionen an einem didaktisierten Text. Das schulinterne Projekt «Deutschförderung in der Lehre» konnte dank der Initiative von Dagmar Bach vom damaligen kantonalen Amt für Berufsbildung ab 2002 als LSB-2-Projekt[1] weitergeführt und 2004 abgeschlossen werden.

---

[1] Der Lehrstellenbeschluss 2 (LSB 2) war eine Investition in zukunftsorientierte Projekte der Sekundarstufe II von Kantonen, Berufsverbänden, Institutionen und des Bundes. Das Aktionsprogramm dauerte von 2000 bis 2004. Der Bund stellte 100 Millionen Franken für innovative Projekte bereit (nach: ‹http://www.bbt.admin.ch/themen/berufsbildung/00103/00237/index.html?lang=de›. Stand: 24.10.06).

Für die intensive und kollegiale Mitarbeit gebührt den Mitgliedern der Projektarbeitsgruppe herzlicher Dank: Bruno Bieri, Heiner Bräm, Bruno Furrer, Rainer Hofer, Erika Langhans, Marc Peter, Regula Peter und Balz Störi. Sie haben mit viel Engagement die Grundlagen der Deutschförderung erarbeitet und in der Praxis mit Erfolg eingesetzt. Danken möchten wir auch den Schulleitungen, Silvia Anastasiades von der MGZ und Urban Vecellio von der BBZ, für ihre Unterstützung und für das Vertrauen, mit dem sie das Projekt von Anfang an begleitet haben.

Daniel Schiesser und Claudio Nodari
Zürich im Juni 2007

1 Einleitung

Als im Jahr 2001 die PISA-Studie der OECD zeigte, dass die 15-jährigen Jugendlichen in der Schweiz bei der Lesekompetenz nur knapp einen Mittelfeldplatz erreichten, schreckte das die Öffentlichkeit auf. Für die Lehrpersonen an der Baugewerblichen Berufsschule Zürich (BBZ) und an der Berufsschule Mode und Gestaltung Zürich (MGZ) bestätigten die Resultate hingegen nur langjährige Beobachtungen: Berufslernende hatten zunehmend Schwierigkeiten mit der deutschen Sprache. Deshalb hatten engagierte Lehrpersonen zusammen mit den Schulleitungen bereits gut zwei Jahre zuvor erste Schritte eingeleitet, um die Deutschförderung an ihren Schulen auszuweiten.

In der Vergangenheit hatten die Berufsschulen darauf gebaut, dass die Lehrlinge von der Volksschule her genügend gefestigte Deutschkompetenzen mitbrachten. Eine allgemeine Deutschförderung für alle Berufslernenden war im Lehrplan für den Regelunterricht nicht vorgesehen. Nur wer erhebliche Defizite aufwies, wurde in Deutsch-Stützkurse geschickt, die ausserhalb der regulären Unterrichtszeit angeboten wurden. So stellte sich nun die Frage, wie die notwendig gewordene, breite Sprachförderung mit den vorhandenen Ressourcen geleistet werden konnte, denn klar war, dass Deutsch-Stützkurse in der herkömmlichen Form nicht für alle, die es nötig hatten, organisierbar waren.

Das von den Schulleitungen 1999 initiierte LSB-2-Projekt *Deutschförderung in der Lehre* ging von folgenden Erkenntnissen aus:

- Berufslernende müssen im Laufe der Berufsausbildung ihre Kompetenzen im Lesen und im Schreiben[2] stark ausweiten, um erstens die Lehrabschlussprüfung zu bestehen und zweitens auch die notwendige Weiterbildung im Berufsleben bewältigen zu können.

---

2 Unter Kompetenz verstehen wir die Fähigkeit, in unvorhergesehenen Situationen Wissen und Können zur Lösung einer Problemstellung einzusetzen. Sprachkompetenz impliziert demnach mehr als nur die Fähigkeit zu verstehen, zu sprechen und zu lesen bzw. zu schreiben. Mit Lese- bzw. Schreibkompetenz bezeichnen wir die Fähigkeit, sämtliche komplexen Handlungen auszuführen, die für das Verstehen bzw. Verfassen eines Textes notwendig sind (vgl. auch Kap. 3.3, Textkompetenz).

Einleitung

- Berufstätige mit schwachen Lese- und Schreibkompetenzen werden im Berufsleben zunehmend Schwierigkeiten haben, an Weiterbildungen teilzunehmen, in ihrem Fachbereich auf dem neuesten Stand zu bleiben, eine leitende Funktion zu übernehmen oder eine eigene Firma zu gründen.
- Die Förderung der Lese- und Schreibkompetenzen muss zu einem zentralen Anliegen der Ausbildung werden, zu dem alle Lehrpersonen in ihrem Unterricht einen Beitrag leisten können.

Ausgehend von diesen Erkenntnissen, wurden an der BBZ im Laufe der Projektarbeit zur Sprachförderung folgende Leitsätze festgehalten:

Deutschförderung in der Lehre ist ein Schulentwicklungsprojekt der BBZ, das eine optimale und nachhaltige Förderung der Deutschkompetenzen aller Schülerinnen und Schüler anstrebt. Das Projekt beruht auf den folgenden Leitgedanken:

- *Deutschförderung in der Lehre* findet in allen Fächern statt und ist schwerpunktmässig im Pflichtunterricht integriert. Externe Fördermassnahmen werden als punktuelle Zusatzangebote verstanden.
- *Deutschförderung in der Lehre* konzentriert sich auf die Bereiche Leseverstehen und Schreiben: Leseverstehen als Voraussetzung für das Lernen mit Texten und Schreiben als Schlüsselkompetenz für den beruflichen Erfolg sowie als effizienter Bereich zur allgemeinen Sprachförderung.
- Die bestmögliche Sprachförderung für alle Berufsschülerinnen und Berufsschüler geschieht mittels optimierter didaktischer Methoden und Lehrunterlagen, die dem aktuellen Wissensstand der Sprachförderung entsprechen.

Der Erfolg gründet auf dem Mitwirken der Lehrenden und Lernenden.

Aus: Erika Langhans (2005): Deutschförderung in der Lehre. Förderkonzept BBZ. Interne Informationsbroschüre.

Das vorliegende Buch fasst die Resultate aus dem Teilprojekt *Leseverstehen* zusammen. In Kapitel 2 wird dieses Teilprojekt ausführlich beschrieben. Dabei geht es vor allem darum, das Zusammenspiel der verschiedenen Massnahmen und Instrumente zur Sprachförderung als systemisches Ganzes zu zeigen. Grundsatz ist, dass erst der koordinierte Einsatz aller Elemente des Projekts eine nachhaltige Förderung des Leseverstehens ermöglicht. Wir möchten auch betonen, dass sämtliche Instrumente und Massnahmen in enger Zusammenarbeit mit der Projektarbeitsgruppe[3] der beiden Berufsschulen BBZ und MGZ entstanden sind und damit ein Produkt aus der Praxis darstellen.

In Kapitel 3 werden die didaktischen Grundlagen zum Leseverstehen dargelegt, wie sie in Weiterbildungskursen an den beiden Schulen, in der gesamten Deutschschweiz sowie in Deutschland und Luxemburg behandelt wurden. Aufgrund der vielen Diskussionen mit Kursteilnehmerinnen und -teilnehmern konnten jene Aspekte des verstehenden Lesens erkannt werden, die im Berufsschulunterricht von zentraler Bedeutung sind – sie stehen in diesem Kapitel im Vordergrund.

In Kapitel 4 wird ein Ansatz der Leseförderung dargelegt, bei dem der Aufbau von Leseroutinen durch gezielte Aufgabenstellungen im Zentrum steht. Wir gehen dabei von der Tatsache aus, dass das Lernverhalten weitgehend durch die im Unterricht ausgeführten Lernaufgaben geprägt wird. In unseren Weiterbildungen zum Thema «Leseförderung» konnten wir feststellen, dass das Formulieren von klaren Leseaufträgen, die zu effizienten Leseaktivitäten anleiten, an sprachdidaktisch nicht ausgebildete Lehrpersonen hohe Anforderungen stellt.

In Kapitel 5 werden, ausgehend von der Projektarbeit und von den dabei gemachten Erfahrungen, Perspektiven für die Ausbildung der Berufsschullehrpersonen aufgezeigt.

Kapitel 6 enthält eine Textdidaktisierung, in der viele der in Kapitel 4 ausgeführten Überlegungen umgesetzt sind. Für weitere Beispiele verweisen wir auf eine Sammlung von 24 didaktisierten Texten aus dem allgemeinbildenden Unterricht, die eine Gruppe von Lehrpersonen verschiedener Berufsschulen im Kanton Zürich unter der Leitung von Erika Langhans erarbeitet hat.[4]

---

3   Die Mitglieder der Arbeitsgruppe waren: Bruno Bieri, Heiner Bräm, Erika Langhans, Bruno Furrer, Rainer Hofer, Marc Peter, Regula Peter und Balz Störi.
4   Erika Langhans et al., Texte für den ABU – Ein Lesetraining (Bern 2007). Das Heft mit den didaktisierten *Texten für den ABU* und das zugehörige Textheft sind ebenfalls im h.e.p.-Verlag erschienen, ausserdem eine CD-ROM mit weiterführenden didaktischen Überlegungen sowie allen Materialien und Texten auch im Word-Format, sodass sie für besondere Bedürfnisse und den eigenen Unterricht angepasst werden können.

Unser Buch soll Lehrpersonen und Schulen dazu anregen, die Leseförderung nicht als zusätzliche, isolierte Massnahme zu sehen, sondern als natürliche und notwendige Weiterführung des in der Volksschule begonnenen Aufbaus von Lesekompetenzen und als wichtigen Bestandteil jeden Unterrichts. Schulleitungen, die an einer weiterführenden Auseinandersetzung mit den hier dargelegten Ansätzen interessiert sind, können sich an die Berufsschulen BBZ und MGZ oder an das IIK wenden (‹www.iik.ch›).

2 Das Schulentwicklungsprojekt «Deutschförderung in der Lehre»

2.1 Der Bezugsrahmen

Die BBZ bildet ca. 3500 Berufslernende aus und verfügt über ein Kollegium von ca. 350 Lehrpersonen. Hier werden unter anderem Sanitärmonteure, Bodenleger, Heizungsmonteure oder Maurer ausgebildet (überwiegend junge Männer).

Die MGZ hat ca. 1000 Berufslernende und ein Kollegium von ca. 60 Lehrpersonen. Hier werden unter anderem Coiffeusen, Kosmetikerinnen und Floristinnen ausgebildet (überwiegend junge Frauen).

Beiden Berufsschulen ist gemeinsam, dass ein Grossteil der Berufslernenden – vor allem in den erwähnten Berufen – zwei- oder mehrsprachige Jugendliche mit Migrationshintergrund sind, welche die Sekundarstufe I mit einem niedrigen Anforderungsprofil abgeschlossen haben.

Die PISA-Studie hat bekanntlich festgestellt, dass in der Schweiz etwa zwanzig Prozent der Jugendlichen einen einfachen Text nicht verstehen können. Viele dieser Jugendlichen wählen, wenn sie nach Abschluss der Volksschule überhaupt eine Lehrstelle finden,[5] einen handwerklichen Beruf. Das erklärt, warum an der BBZ und MGZ so viele der Berufslernenden nur rudimentäre Lesekompetenzen mitbringen.

Die Ausbildung an der BBZ und an der MGZ beruht auf dem System der dualen Berufsausbildung. Während der meist dreijährigen Lehrzeit verbringen die Lernenden vier Tage pro Woche im Lehrbetrieb und einen Tag an der Berufsschule. Ein Schultag umfasst drei Lektionen Allgemeinbildung, fünf Lektionen Fachunterricht und eine Lektion Sport. Spezielle Stützkurse müssen während der Arbeitszeit oder in der Freizeit besucht werden, denn

---

5 Ende Juni des Jahres 2006 hatten im Kanton Zürich unter den Schulabgängern (Schülerinnen und Schüler der Volksschule und schulischer Zwischenlösungen wie Berufswahlschule) 58,8 Prozent einen beruflichen Ausbildungsvertrag abgeschlossen, 22,5 Prozent waren für ein Brückenangebot angemeldet (zum Beispiel Praktikum, Motivationssemester), 7,5 Prozent hatten kurz vor Schulende keine Anschlusslösung.

nach einem Berufsschultag von neun Lektionen können keine zusätzlichen Lehr- und Lernleistungen verlangt werden.[6]

Aufgrund der skizzierten Ausgangslage konzentrierte sich die Projektarbeitsgruppe auf die im Vorwort erwähnten drei Ziele:
1. die Entwicklung von Instrumenten der Selbst- und Fremdeinschätzung speziell für diese beiden Berufsschulen, die eine für die Lernenden nachvollziehbare Standortbestimmung der Lesekompetenzen erlauben;
2. die Implementierung einer Leseförderung im allgemeinbildenden Unterricht und im Fachunterricht, unterstützt durch Weiterbildung der Lehrpersonen und durch eine Sammlung von lesedidaktisch aufbereiteten Texten;
3. den Aufbau eines zusätzlichen, auf die festgestellten Defizite im Leseverstehen spezialisierten Trainingsangebots für leseschwache Berufslernende.

2.1.1 Die Selbst- und Fremdeinschätzung von Lesekompetenzen

Jugendliche mit Migrationshintergrund erfahren in der Volksschule nach wie vor selten eine Sprachförderung, die sich an den Ansätzen und Instrumenten der Didaktik des Deutschen als Zweitsprache orientiert. Ihre Sprachleistungen werden aus der Perspektive der Einsprachigkeit gesehen und beurteilt. Das bedeutet, grob skizziert, dass ihnen stets vor Augen gehalten wird, was sie *falsch* machen bzw. *nicht* können. Aufsätze werden mit Korrekturen übersät, das Verständnis von Texten wird mit Listen von Fragen überprüft, Grammatik wird als Selbstzweck betrieben. Auch wenn diese grobe Skizze die komplexe Realität natürlich nur ungenügend abbildet, ist erwiesen, dass viele Jugendliche mit Migrationshintergrund die Schule mit der Gewissheit verlassen, dass sie mit der deutschen Sprache Probleme haben.[7] Welche Probleme das sind und wo genau anzusetzen wäre, um diese Probleme zu beheben, wissen die Lernenden aber letztendlich nicht.

---

6 In einzelnen Berufsausbildungen wird der Berufsschulunterricht in Wochenblöcken organisiert. Das Verhältnis zwischen praktischer Arbeit im Betrieb und Unterricht an der Berufsschule bleibt sich jedoch gleich.
7 Vgl. Romano Müller, Sozialpsychologische Grundlagen des schulischen Zweitspracherwerbs bei MigrantenschülerInnen. (Aarau 1997).

Hier setzt der erste Leitgedanke des LSB-2-Projekts *Deutschförderung in der Lehre* an, dass nämlich eine nachhaltige Leseförderung den Einbezug der betroffenen Person voraussetzt. Erst wenn die lernende Person genau weiss, was sie kann und welche Ziele sie als Nächstes anstreben muss, kann davon ausgegangen werden, dass die Förderung nachhaltig wirkt. Das bedeutet, dass die Lernenden fähig sein müssen, ihre Kompetenzen möglichst objektiv einzuschätzen, und dass die Lehrenden ihre Fremdeinschätzung nach den gleichen, den Lernenden bekannten Kriterien geben sollten.

Die sprachdidaktische Diskussion der 80er- und 90er-Jahre, das «autonome Lernen»[8] und die vielfältigen Erfahrungen mit Konzepten eines autonomiefördernden Unterrichts[9] haben gezeigt, dass die Orientierung im Lehr-Lern-Geschehen (Klarheit über Lernziele, Inhalte und Aufgaben) die Grundvoraussetzung für effizientes und motiviertes Lernen ist.

Die vom Europarat seit den 70er-Jahren initiierten Projekte im Bereich des Fremdsprachenlernens sind eben diesem Ansatz verpflichtet. Mit dem *Gemeinsamen Europäischen Referenzrahmen für Sprachen*[10], dem *Europäischen Sprachenportfolio*[11] und mit *Profile deutsch*[12] liegen nun – nach mehr als zehnjähriger Entwicklungszeit – Grundlagen vor, mit welchen den Bedürfnissen verschiedener Schulen angepasste Instrumente für die Selbst- und Fremdeinschätzung von Sprachkompetenzen entwickelt werden können.

Abgestützt auf die Probefassung des *Europäischen Sprachenportfolios* und nach den Richtlinien der Vorfassungen zum *Gemeinsamen Europäischen Referenzrahmen* (GER) erarbeitete die Projektarbeitsgruppe an der BBZ und MGZ ein Instrument zur Selbst- und Fremdeinschätzung von Lesekompetenzen, zugeschnitten auf die beiden Berufsschulen[13] (vgl. dazu Kap. 2.4).

---

8 Claudio Nodari, Perspektiven einer neuen Lehrwerkkultur. Pädagogische Lehrziele im Fremdsprachenunterricht als Problem der Lehrwerkgestaltung (Aarau 1995), S. 90 ff.
9 Claudio Nodari, Autonomiefördernde Aufgaben im Fremdsprachenunterricht. Versuch einer Typologisierung, in: Fremdsprache Deutsch, Heft 1 (1994), S. 39–43; Claudio Nodari, Autonomie und Fremdsprachenlernen, in: Claudio Nodari (Hrsg.), Fremdsprache Deutsch, Sonderheft 1996, S. 4–10.
10 John L. M. Trim et al., Gemeinsamer Europäischer Referenzrahmen für Sprachen: lernen, lehren, beurteilen (München 2001).
11 Günther Schneider et al., Europäisches Sprachenportfolio (Bern 2001).
12 Manuela Glaboniat et al., Profile deutsch (Berlin 2002).
13 Daniel Schiesser/Claudio Nodari, Lesen und Verstehen – kein Problem. Eine Wegleitung für Berufsschülerinnen und Berufsschüler (Bern 2003).

2.1.2 Sprachförderung für alle in allen Unterrichtsfächern

Die Welt wird komplexer, und damit wachsen auch die sprachlichen Anforderungen, die jede und jeder erfüllen muss, um sowohl im sozialen Leben als auch im Beruf bestehen zu können. Bezeichnete man früher in der Mundart einen Bodenleger mit Lehrabschluss respektvoll als «ausgelernten Bodenleger», so klingt das Adjektiv «ausgelernt» heute eher anachronistisch. Auch Bodenleger müssen weiter lernen; neue Materialien, neue Verarbeitungsmethoden und neue Maschinen erfordern neues Wissen und Können. Nicht alle Neuerungen können am Arbeitsplatz oder in Kursen mündlich gelernt werden; Wissensvermittlung geschieht auch über Fachzeitschriften, Herstellerprospekte oder Gebrauchsanleitungen.

Ausbildung und lebenslange Weiterbildung setzen heute mehr denn je ausgeprägte sprachliche Kompetenzen voraus, insbesondere Kompetenzen des Leseverstehens. Eine Sprachförderung, die sich allein auf Stützkurse oder auf den allgemeinbildenden Unterricht beschränkt, greift zu kurz. Anzumerken ist, dass der ABU-Rahmenlehrplan der gewerblichen Berufsausbildung im Kanton Zürich zwar Themen im Bereich «Sprache und Kommunikation» vorsieht, in diesem Rahmen jedoch keine kontinuierliche Förderung der sprachlichen Kompetenzen bieten kann. Eine zukunftsorientierte und nachhaltige Sprachförderung verlangt deshalb, dass jeder Unterricht (Fachunterricht und allgemeinbildender Unterricht) nicht nur Inhalte vermittelt, sondern auch – gleichzeitig – sprachfördernd wirkt und dass alle Berufslernenden auf ihrem jeweiligen Niveau gefördert werden.[14] Angesichts der begrenzten Unterrichtszeit muss sich die Leseförderung vor allem auf die Steigerung der Lesekompetenz konzentrieren.[15]

---

[14] Bezogen auf die Sekundarstufe I, plädiert Paul R. Portmann-Tselikas ebenfalls für eine Sprachförderung, die sich nicht allein auf den Deutschunterricht abstützt. Vgl. dazu: Paul R. Portmann-Tselikas, Sprachförderung im Unterricht. Handbuch für den Sach- und Sprachunterricht in mehrsprachigen Klassen (Zürich 1998).

[15] Aus neueren Untersuchungen zur Wirksamkeit der schulischen Leseförderung geht hervor, dass sich die Ausweitung der schulischen Lesezeit, in der die Lernenden ihre Lektüre individuell auswählen und – abgesehen von einer offenen Begleitung und Beratung durch die Lehrperson – ihr Vorgehen selber bestimmen, sich vor allem auf die Lesemotivation und indirekt auf das private Leseverhalten auswirkt, weniger auf die Lesekompetenz. Resultate zur Anwendung stark angeleiteter Unterrichtsformen werden in Kürze erwartet. Vgl. Andrea Bertschi-Kaufmann/Hansjakob Schneider, Lesespass oder Lesetraining – was hilft weiter?, in Bildung Schweiz, Heft 5/2007.

Aus diesem Grund haben sich die Lehrpersonen der BBZ und MGZ im Rahmen des Projektes das sprachdidaktische Wissen erarbeitet und die Instrumente angeeignet, um im Regelunterricht die Vermittlung von lehrplanmässigen Inhalten und die Förderung von Lesekompetenzen zu vereinen. Grundsatz ist, dass sich die Berufslernenden Fachinhalte ab und zu auch anhand von Texten und gezielten Leseaufträgen aneignen (vgl. dazu Kap. 3 und Kap. 6).

2.1.3 Spezielle Fördermassnahmen

Zusätzlichen Förderunterricht Deutsch gibt es an den meisten Berufsschulen. Der Lernzuwachs in diesen breit gefächerten Stützkursen ist jedoch schlecht eruierbar. Erfahrungsgemäss führen sie bei neu zugewanderten Sprachanfängern zu guten Lernerfolgen, zeitigen bei Fortgeschrittenen jedoch nur begrenzte Wirkung. Zusätzliche Förderstunden laufen zudem immer Gefahr, eine isolierte Massnahme zu bleiben. Die Lehrpersonen im Regelunterricht überlassen das Problem der fehlenden Sprachkompetenzen den Förderlehrpersonen und kümmern sich nicht weiter um eine sprachfördernde Methodik im eigenen Unterricht.

Auch im LSB-2-Projekt *Deutschförderung in der Lehre* sind spezielle Fördermassnahmen entwickelt worden, die jedoch als punktuelle Trainingsprogramme nicht allgemeine Sprachkenntnisse, sondern genau definierte, grundlegende Lesekompetenzen vermitteln. Diese Kompetenzen werden durch die im Regelunterricht integrierte Förderung wieder in Anspruch genommen und dadurch nachhaltig gestärkt. Die Trainingsprogramme sind zudem zeitlich beschränkt, sie umfassen je fünf Halbtage während fünf Wochen (total zwanzig Lektionen). Die Berufslernenden werden von den Lehrbetrieben zusätzlich zum Berufsschultag für einige Stunden freigestellt, damit sie ein Trainingsprogramm besuchen können. Dass die Trainingsprogramme zeitlich begrenzt sind, erleichtert das Einverständnis der Lehrbetriebe wie auch der Lernenden zu einem Kursbesuch.

Aufgrund der Erfahrungen der Lehrpersonen wurden folgende Trainingsprogramme mit klar definierten Zielsetzungen entwickelt:

- *Techniken des Leseverstehens,*
- *Fachtexte verstehen,*
- *Mathematikaufgaben verstehen.*

In diesen Trainingsprogrammen werden gezielt Techniken und Vorgehensweisen eingeübt, mit denen die Berufslernenden effizienter Texte lesen können. Da sich ein Trainingsteil über vier Lektionen erstreckt, nehmen die Programme auf die begrenzte Konzentrationsfähigkeit der Kursteilnehmenden spezielle Rücksicht. Sie weisen alle einen abwechslungsreichen und sportlichen Charakter auf. Die Lernenden müssen oft innerhalb einer kurzen, genau festgesetzten Zeit eine bestimmte Technik einüben oder eine bestimmte Aufgabe ausführen. Auch Wettbewerbe, bei denen kleine Preise zu gewinnen sind, gehören zu den Übungsformen, die spielerische Motivation und gezieltes Training verbinden.

Im Trainingsprogramm *Techniken des Leseverstehens*[16] wird den Lernenden aufgezeigt, wie viele verschiedenartige Tätigkeiten der Begriff *Lesen* in sich vereinigt. Dabei entdecken sie, dass ihre eigenen, unbewussten Lesestrategien nicht genügen, um auf die unterschiedlichen Zielsetzungen im Unterricht – aber auch bei ihrer privaten Lektüre – adäquat zu reagieren. Sie werden angeleitet, diese Zielsetzungen bewusst wahrzunehmen, und sie lernen und üben neue Lesetechniken,[17] mit denen sie auf die jeweilige Situation, die jeweilige Aufgabenstellung reagieren können. Das diffuse Problem Lesen wird so aufgelöst in ein Bündel klar definierter Teilfertigkeiten, die einzeln trainiert werden. Damit erreichen die Lernenden eine grössere Effizienz im Umgang mit Texten und können ihre oft belastete Einstellung zum Lesen zugunsten einer selbstbewussteren Haltung ablegen.

Im Trainingsprogramm *Fachtexte verstehen*[18] werden die erworbenen Techniken aus dem ersten Trainingsprogramm aufgenommen und auf Fachtexte angewendet. Das Kernstück bildet dabei das Lernen mit dem eigenen Fachlehrmittel. Es wird ein Vorgehen vorgegeben und eingeübt, das sowohl Lesetechniken als auch eigentliche Lerntechniken enthält. Zudem werden auch Besonderheiten der Fachsprachen wie Wortzusammensetzungen und Partizipialattribute thematisiert und geübt.

---

[16] Daniel Schiesser/Claudio Nodari, Techniken des Leseverstehens – Trainingsprogramm (Bern 2004).

[17] *Lesetechniken* sind sprachliche Handlungen, die den Vorgang des Lesens begleiten bzw. lenken. Eine Auflistung von zwölf zentralen Lesetechniken enthält das Dokument *12 Regeln zum Knacken von Texten*, das auf Seite 80 vorgestellt wird.

[18] Claudio Nodari, Fachtexte verstehen – Trainingsprogramm (Bern 2005).

Im Trainingsprogramm *Mathematikaufgaben verstehen*[19] geht es hauptsächlich um das genaue Verstehen von Textaufgaben. Es wird eine Neun-Schritt-Strategie eingeführt und geübt, bei der die ersten fünf Schritte einzig und allein dem präzisen Entschlüsseln der Textinhalte und der entsprechenden Aufgabenstellung gelten. Erst die letzten vier Schritte sind dem eigentlichen Rechnen gewidmet. Auch hier werden Besonderheiten der Fachsprache Mathematik (Nominalstil, Mathematikwortschatz) thematisiert und ihr Verstehen geübt.

Für jedes Trainingsprogramm stehen ein detailliertes Curriculum und Zusatzmaterialien zur Verfügung, die via Internet abgerufen und ausgedruckt werden können.[20]

Die Erfahrungen der Lehrpersonen und die Evaluationen der durchgeführten Trainingsprogramme zeigen, dass lernwillige Jugendliche oft bereits nach einem Durchgang grosse Fortschritte erzielen. Die Tatsache, dass sie zum Beispiel im ersten Trainingsprogramm erkennen, wie eine Zeitung aufgebaut ist und wie man mit ihr umgehen kann, um schnell und effizient das zu erfahren, was einen interessiert, führt dazu, dass manche Jugendliche fortan Zeitungen freiwillig lesen. Auch das Wissen, wie mit dem Fachlehrmittel effizient gearbeitet werden kann, nimmt lernwilligen Jugendlichen die Angst vor dem Gedruckten. Sie trauen sich mehr zu, weil sie wissen, wie sie lesen und lernen sollen.

2.2 Probleme des Leseverstehens, oder: Warum haben Berufslernende Mühe mit Texten?

Ein wichtiges Projektresultat, das sich durch die vertiefte Auseinandersetzung mit den realen Umständen an den Schulen ergab, war die Einsicht, dass sich die Probleme des Leseverstehens nicht allein auf Defizite der Lesenden reduzieren lassen. Problembereiche wurden in didaktischer Hinsicht bei den Lehrpersonen und in qualitativer Hinsicht bei den Texten geortet.

---

19 Claudio Consani/Claudio Nodari, Mathematikaufgaben verstehen – Trainingsprogramm (Bern 2006).
20 Materialien verfügbar über ‹www.hep-verlag.ch/shop/› → Sprache und Kommunikation → Titel der Publikation → Materialien.

Das didaktische Dreieck visualisiert die Wechselbeziehungen der zentralen Komponenten im Unterricht.

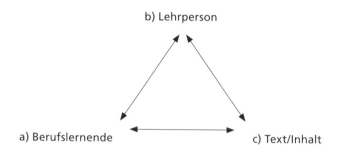

2.2.1 Die Berufslernenden

Offensichtlich haben viele Berufslernende Schwierigkeiten, einen Text, zum Beispiel aus der Berufskunde, zu lesen und zu verstehen. Im Erhebungsverfahren, bei dem didaktisierte Texte und Checklisten zum Erfassen der Lesekompetenzen eingesetzt wurden, liess sich an beiden Schulen, BBZ und MGZ, feststellen, dass mehr als fünfzig Prozent der Berufslernenden die für die Berufsausbildung notwendige Lesekompetenz (Niveau B1) nicht erreichen (vgl. dazu Kap. 2.4). Sie können zwar die Texte durchlesen, verstehen aber den Inhalt nicht oder nicht genügend gut. Lehrpersonen argumentieren oftmals dahingehend, dass den Berufslernenden der notwendige allgemeine und fachliche Wortschatz fehle oder dass ein Text zu abstrakt oder zu schwierig sei. Diese Begründung greift allerdings zu kurz, denn Probleme können auch bei einfachsten Texten entstehen.

Die Didaktik des Deutschen als Erstsprache hat für die Förderung des Lesens in der Volksschule viele wichtige Ansätze zu bieten, mit denen im Unterricht die Freude am Lesen geweckt werden kann. Die Motivation zum Lesen wird durch vielfältige Massnahmen (Lesetagebuch, Leseecke, Lesenacht, Lesewettbewerb) und durch ansprechende Texte (Kurzgeschichten, Comics, Sachtexte) gefördert. Auch sind nach den PISA-Resultaten mehrere Publikationen erschienen und Schulprojekte durchgeführt worden, die in diese Richtung zielen – alles wichtige Massnahmen, die aber die Frage offen lassen, wie denn die Schülerinnen und Schüler ihre Lesekompetenz entwickeln.[21] Als Frage formuliert: Genügt es, mehr zu lesen, um Fachtexte besser zu verstehen? Die Erstsprachdidaktik hat sich dieser Frage ausschliesslich in Bezug auf die elementaren Lesefertigkeiten gewidmet und Techniken für das schnelle und flüssige Lesen entwickelt. Um Lesetechniken und Lesestrategien – in der Fremd- und Zweitsprachdidaktik seit der kommunikativen Wende in den 70er-Jahren wichtige Themen – hat sich die Erstsprachdidaktik wenig gekümmert.[22] So kann nicht überraschen, dass Lehrpersonen nicht wissen, wie Lesetechniken und -strategien im Unterricht vermittelt werden können, und dass Didaktiker heute mehr lesestrategische Ziele in den Lehrplänen fordern.[23]

Die Erfahrungen mit dem Trainingsprogramm *Techniken des Leseverstehens* bestätigen diesen Befund. Den Berufslernenden fehlen vor allem Techniken beim Lesen und Routinen im Umgang mit Texten. Die Trainingsprogramme haben gezeigt, dass viele Jugendliche mit den neu erworbenen Fähigkeiten nicht nur selbstsicherer beim Arbeiten und Lernen mit Texten werden, sondern zum Beispiel auch die Freude am Lesen der Tageszeitung entdecken.[24]

2.2.2 Die Lehrpersonen

An Berufsschulen wie auch auf der Sekundarstufe I haben sich viele Lehrpersonen damit abgefunden, dass die Lernenden ungern lesen. Sie vermitteln deshalb die Inhalte im Allgemeinen mündlich (häufig in Mundart). Der Text, der nachträglich ausgeteilt wird, vermittelt keine zusätzlichen wichtigen Informationen. Das Lernen kann deshalb ausschliesslich über den von den Lernenden bevorzugten Kanal geschehen, nämlich über das Hören. Ähnlich sieht es aus, wenn die ganze Klasse im Unterricht einen Text (still oder reihum) liest. Leseschwache Schülerinnen und Schüler lesen brav mit,

---

21 Barbara Sträuli Arslan, Leseknick – Lesekick (Zürich 2005).
22 Cornelia Rosenbrock, Folgen von PISA für den Deutschunterricht, in: Praxis Deutsch, Heft 174 (2002), S. 51–55.
23 Wolfgang Menzel, Lesen lernen dauert ein Leben lang. Methoden zur Verbesserung der Lesefähigkeit und des Textverständnisses, in: Praxis Deutsch, Heft 176 (2002), S. 20–40.
24 Vgl. auch: Andrea Bertschi-Kaufmann et al., Lesen. Das Training (Seelze-Velber 2007).

ohne aber die Bedeutung zu erfassen, und warten, bis der Inhalt diskutiert wird. Durch Zuhören im Klassengespräch erfahren sie eine ganze Menge über den Inhalt, ohne Lesearbeit geleistet zu haben.

Als didaktische Massnahme zur Leseförderung werden zu den Texten häufig sogenannte Textverständnisfragen gestellt. Solche Fragen unterstützen jedoch den Lesevorgang gerade bei schwächeren Leserinnen und Lesern nicht. Die Lernenden entwickeln so keine Strategien für das verstehende Lesen, sondern eher solche für das Beantworten von Fragen (zum Beispiel durch Raten, Nachfragen bei der Lehrperson oder beim Nachbarn). Selten lösen Fragen das aus, was Lehrpersonen wirklich anstreben, dass nämlich die Schülerinnen und Schüler sich noch einmal gezielt mit dem Text auseinandersetzen. Es fehlen die präzisen Aufträge für den Lesevorgang bzw. für den Umgang mit dem Text. Eher werden Fragen vom Typ «Was ist xy ...?» gestellt, statt dass zum Beispiel der Auftrag erteilt würde: «Suchen Sie im folgenden Abschnitt die Angaben xy und notieren Sie diese in einer sinngemässen Reihenfolge.» Klare Leseaufträge lösen Lesehandlungen aus, die sich mit der Zeit zu Routinen im Leseverhalten entwickeln. Mit Fragen zu Texten lässt sich dies hingegen nicht erreichen.

Selbstverständlich sollten die Aufträge nur Lesehandlungen auslösen, die das Verstehen der Textinhalte erleichtern. Ein Negativbeispiel für einen Auftrag, der bei vielen Menschen zur Routine beim Lesen eines fremdsprachlichen Textes wurde, ist das Markieren aller unbekannten Wörter. Die Technik, unbekannte Wörter zu unterstreichen, führt dazu, dass die Lernenden bei einem anspruchsvollen Text auf all das Unverstandene fixiert sind – ein wirksames Verfahren, um Verstehen zu verhindern. Besser wäre es im Gegenteil, alles Verstandene im Text zu unterstreichen. Durch die Konzentration auf das Verstandene lassen sich viele Verstehenslücken füllen. Diese Strategie wird beim Hörverstehen unbewusst eingesetzt, zum Beispiel wenn ungünstige akustische Bedingungen uns zwingen, den Inhalt aus wenigen verstandenen Gesprächsfetzen herauszuhören. Ähnliches geschieht auch, wenn wir einen Film in einer Fremdsprache sehen. Man konzentriert sich auf die verstandenen Teile, um aus dem Ganzen einen Sinn zu entnehmen.

Bei vielen Lehrpersonen lässt sich ein Mangel an didaktischer Kompetenz im Bereich der Leseförderung feststellen. Das ist eine Folge davon, dass Lehrpersonen der höheren Schulstufen in ihrer Ausbildung wenige oder gar keine lesedidaktischen Grundlagen mit auf den Weg bekommen haben, die auf eine Entwicklung von Lesekompetenzen abzielen. Die zahlreichen Weiterbildungen, die wir an verschiedenen Berufsschulen und Weiterbildungsinstitutionen im In- und Ausland durchgeführt haben, bestätigen die Notwendigkeit der Vermittlung lesedidaktischer Grundlagen in der Ausbildung.

2.2.3 Die Texte

Ob man einen Text versteht, hängt selbstverständlich auch von seiner Qualität ab. Ein Text kann dann als vollständiger Text gelten, wenn er alle notwendigen Angaben und Bezüge enthält, um den vom Verfasser intendierten Inhalt nachzuvollziehen. Im Rahmen unseres Projektes und regelmässig durchgeführter Weiterbildungskurse haben wir jedoch viele Texte vor allem aus Fachlehrmitteln gefunden, die per se nicht verständlich sind. Das bedeutet, dass sie nicht alle notwendigen Elemente enthalten, um den dargestellten Sachverhalt nachvollziehbar zu machen. Sie sind nur verständlich, wenn die lesende Person den Sachverhalt bereits kennt. Viele Texte aus Lehrmitteln enthalten zudem schwierige syntaktische Konstruktionen (Nominalisierung, Partizipialattribute usw.), die das Textverständnis zusätzlich erschweren. Stellvertretend für viele andere Fachtexte aus Lehrmitteln soll das folgende Beispiel[25] näher betrachtet werden.

> Beim Vergleich der theoretisch für das ideale Raumgitter nötigen Umformspannungen mit den in der Praxis beobachteten stellte man fest, dass Letztere sehr viel kleiner sind. Weil man nur unter Laborbedingungen reine Kristalle herstellen kann, gibt es in der Praxis viele Abweichungen davon. Sie unterbrechen den Verlauf der Bindungskräfte und fördern so die Verformung. Die wichtigsten Abweichungen vom idealen Kristallgitter sind Versetzungen, die unter der Wirkung von Schubspannungen zu wandern beginnen und so die Umformung erleichtern (Bild 2).

Probleme bieten bei diesem Text die wenig lesefreundlichen und unpräzisen Verweise durch Pronomen, Adjektiv und Pronominaladverb, der verschachtelte Satzbau und nicht zuletzt eine zugehörige schematische Illustration, die bei der oder dem aufmerksam Betrachtenden mehr Fragen aufwirft als beantwortet, und ausserdem ihrer eigenen Bildlegende nicht gerecht wird.

---

25 Manfred Hahn/Jürgen Husemann et al., Metallbau und Fertigungstechnik Grundbildung (Haan-Gruiten 2002), S. 187.

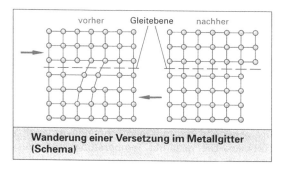

Bild 2

Auch sind reine Aufzählungen von Detailwissen ohne ersichtlichen übergeordneten Textzusammenhang nicht selten. Solche unzusammenhängenden Texte können den Inhalt auch dann nicht verständlich vermitteln, wenn sie formal einfach konstruiert sind.

Den Kursteilnehmerinnen und -teilnehmern genügte in der Regel der Hinweis auf die Frage der Verständlichkeit, um die Mängel bestimmter Lehrmitteltexte zu erkennen. Die Stolpersteine wurden ihnen aber vor allem dann bewusst, wenn sie zu einem Text schriftliche Aufgabenstellungen formulierten, die den Inhalt des Textes erschliessen sollten. Die Lehrpersonen merkten, dass sie fehlende Informationen nachreichen oder zweideutige Verweise durch eine klare Formulierung in der Aufgabenstellung erklären mussten.

Wenn es also gilt, die Lesekompetenz von Berufslernenden zu fördern, sollten auch gute Lehrmitteltexte zur Verfügung stehen. Unnötig komplizierte und qualitativ schlechte Texte, bei denen Misserfolge im Verstehen gleichsam vorprogrammiert sind, müssen in Lehrmitteln so schnell als möglich ersetzt werden. Hier sind die Verlage und die Lehrmittel produzierenden Berufsverbände gefordert, bei jedem Lehrmittelprojekt unbedingt auch eine sprachdidaktische und redaktionelle Begleitung einzubeziehen.[26]

---

[26] Diese Erkenntnis hat sich die Schweizerische Coiffeurfachlehrer-Vereinigung (SCFV) zu eigen gemacht und bei der Neubearbeitung des Handbuches für die Fachausbildung eine sprachdidaktische Redaktion beigezogen (siehe www.iik.ch → Deutsch als Zweitsprache → Projekte).

2.3 Wege zur Problemlösung, oder: Wie können Lesekompetenzen gefördert werden?

Selbstverständlich entwickeln sich Lesekompetenzen nur, wenn Berufslernende im Unterricht auch Texte lesen müssen. Im LSB-2-Projekt *Deutschförderung in der Lehre* wurde deshalb davon ausgegangen, dass bestimmte Sachkenntnisse im allgemeinbildenden Unterricht und im Fachunterricht lesend erarbeitet werden. Die Leseförderung erfolgt gekoppelt an die Vermittlung von curricularen Inhalten. Die Berufslernenden lernen den Umgang mit Texten und verarbeiten gleichzeitig Lernstoff. Damit wird erstens erreicht, dass eine integrierte Leseförderung trotz beschränkten Zeitbudgets möglich wird, und zweitens, dass die Lernenden das Lesen als Methode für den Erwerb von schulischem und fachlichem Wissen erleben.

Alle Fördermassnahmen, so auch die Leseförderung, brauchen klare Ziele. Im Bereich der Sprachkompetenzen lassen sich diese Ziele mit Kann-Formulierungen beschreiben, wie sie im Europäischen Sprachenportfolio (ESP) enthalten sind. Im LSB-2-Projekt *Deutschförderung in der Lehre* wurden für das Leseverstehen Checklisten nach dem Vorbild des ESP erstellt, welche die Gegebenheiten und Anforderungen der Berufsschule berücksichtigen.[27] Diese Checklisten beschreiben ziemlich genau die vielfältigen Lesehandlungen, die in der Berufsausbildung gefordert werden, und sie erfüllen drei Funktionen. Sie sind
1. ein Hilfsmittel für das Formulieren von Aufträgen, welche die zentralen Lesekompetenzen aufbauen und die Lernenden nicht überfordern,
2. ein Instrument für die Fremdeinschätzung durch die Lehrperson,
3. ein Instrument für die Selbsteinschätzung der Lesekompetenz.

---

[27] Daniel Schiesser/Claudio Nodari, Lesen und Verstehen – kein Problem. Eine Wegleitung für Berufsschülerinnen und Berufsschüler (Bern 2003).

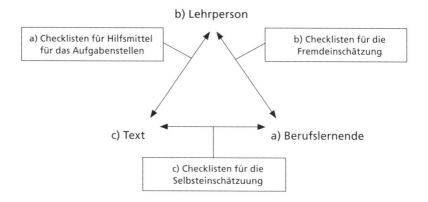

2.3.1 Von der Kann-Formulierung zur Aufgabenstellung

Kann-Formulierungen (Deskriptoren) beschreiben sprachliche Handlungen, demzufolge beschreiben sie auch mögliche Aufgabenstellungen. Wenn in der Checkliste zum Beispiel steht: «Ich kann in einem einfachen Text gesuchte Informationen finden und verstehen», dann sollten im Unterricht auch entsprechende Aufgabenstellungen vorkommen, zum Beispiel: «Suchen Sie im Text die Angaben zu …» oder «Suchen Sie im Text alle XY-Angaben und tragen Sie die Zahlen in die Tabelle ein» usw. So gesehen, sind die Checklisten ein Hilfsmittel für das Formulieren von Aufgaben zu Texten.

Dank den aus dem GER übernommenen Niveaus A_1–C_2 erkennen die Lehrpersonen den Schwierigkeitsgrad einer Aufgabenstellung. Gängige Aufgaben vom Typ «Schreiben Sie eine Zusammenfassung», die auf dem Niveau C_1 nach einmaligem Lesen durchaus produktiv sind, werden Lernende, die kaum Leistungen auf dem Niveau B1 erbringen können, eindeutig überfordern. Die Deskriptoren aus den Niveaus A_2 und B_1 helfen den Lehrpersonen, niveaugerechte Aufgaben zu stellen.[28]

---

[28] Hier zeigt sich ein grosser Nutzen der Niveaubeschreibungen aus dem GER auch für monolingual Deutsch sprechende Berufslernende. Die Aufgabenstellungen entsprechen ihren Lesekompetenzen.

Solche Aufgabenstellungen, die im Unterricht immer wiederkehren sollen, verhelfen den Lernenden zu Leseerfolgen und zu effizienten Leseroutinen. Für viele Lehrpersonen bedeutet dies allerdings einen regelrechten Kulturwechsel im Umgang mit Texten im Unterricht. In unseren Weiterbildungen merken wir, dass das Formulieren von Aufträgen, welche die Lesekompetenz fördern, alles andere als einfach ist. Die Rückmeldungen der Lehrpersonen sind jedoch sehr ermutigend. Dank guter Aufgabenstellungen gehen die Berufslernenden mit den Texten anders um, sie lesen genauer und setzen sich mit dem Text auseinander. Sie nehmen sich also für die Inhaltserfassung mehr Zeit und arbeiten überdurchschnittlich motiviert und diszipliniert (vgl. das Beispiel einer Textdidaktisierung in Kap. 6).

2.3.2 Von der Kann-Formulierung zur Fremdevaluation

Aufgrund von Aufgabenstellungen, die mit den Deskriptoren korrelieren, lässt sich feststellen, über welche Lesekompetenzen eine bestimmte Person verfügt. Im Vordergrund steht dabei nicht die Bewertung der durchschnittlichen Leseleistung einer Person, sondern eine Standortbestimmung, die im Einzelnen zeigt, was sie bereits kann und was sie auf ihrem Niveau als Nächstes üben und lernen muss. Die Deskriptoren stellen ein differenziertes Vokabular zur Verfügung, um über Lesekompetenzen zu sprechen. Wenn nämlich die Lehrperson urteilt: «Sie haben den Text nicht verstanden», ist dies eine pauschale Einschätzung, die dem Lernenden nichts sagt und die er entsprechend seiner Selbsteinschätzung auch zurückweisen kann. Sobald aber präzis angeleitete Lesehandlungen im Einzelnen betrachtet werden, können Leseleistungen differenzierter und objektiver beurteilt werden. Im Gespräch mit dem Lernenden lassen sich die noch zu übenden Teilkompetenzen genau definieren, und der Lernende weiss, wie er den nächsten Fortschritt erzielen kann. So eine Teilkompetenz besteht zum Beispiel darin, Textabschnitte mit wenigen Worten zusammenzufassen (Niveau $L-B_1$). Ein entsprechender Auftrag wäre: «Lesen Sie das Unterkapitel ‹Herstellung› durch. Es beschreibt die Produktion in fünf Schritten. Notieren Sie für jeden Abschnitt einen Zwischentitel, der den entsprechenden Herstellungsschritt bezeichnet.»

2.3.3 Von der Kann-Formulierung zur Selbstevaluation

Die Kann-Formulierungen sind in den Checklisten in der Ich-Form festgehalten und wenden sich daher direkt an jede einzelne Lernende und jeden einzelnen Lernenden. Durch die angeleitete Reflexion über ihr Können wird den Lernenden bewusst, wie viele unterschiedliche Lesehandlungen zum Lesen gehören und welche Teilkompetenzen verlangt werden. Die Ergebnisse einer ersten Selbsteinschätzung sind meistens noch nicht realistisch. Je schwächer die Lesekompetenzen eines Lernenden sind, umso grösser ist die Wahrscheinlichkeit, dass er die eigenen Möglichkeiten überschätzt. Die Resultate der bisherigen Erhebungen zeigen denn auch Diskrepanzen zwischen Selbst- und Fremdeinschätzung von ein bis zwei Niveaus. Der Vergleich zwischen den eigenen Resultaten der Selbsteinschätzung und jenen der Lehrperson, die sich auf die Arbeit mit Texten stützen, dient abschliessend als Korrektiv und erlaubt den Lernenden, Art und Umfang ihrer sprachlichen Kompetenzen und Defizite realistisch anzuschauen (vgl. Kap. 2.4).

Das LSB-2-Projekt *Deutschförderung in der Lehre* hat gezeigt, dass die Förderung der Lesekompetenz an Berufsschulen einen Kulturwechsel auf verschiedenen Ebenen verlangt:

- Die Lernenden müssen lernen, über ihre Leseleistungen nachzudenken und ihre effektiven Leistungen einzuschätzen.
- Die Lehrpersonen müssen lernen, differenzierte leseförderende Aufgabenstellungen zu formulieren und deren Schwierigkeitsgrad einzuschätzen.
- Die Lehrbuchschreibenden müssen lernen, gute Texte zu verfassen.

2.4 Erhebung der Lesekompetenzen

Die Erhebung dient in den Projektschulen BBZ und MGZ dazu, die Lesekompetenzen jedes und jeder neu eingetretenen Berufslernenden zu ermitteln. Die Resultate sollen helfen, den Bedarf der Einzelnen an zusätzlichen Fördermassnahmen aufzuzeigen. Geprüft werden schwerpunktmässig diejenigen Lesekompetenzen, die für den Besuch der Berufsschule wesentlich sind. Für die Erhebung bearbeiten die Lernenden an vier verschiedenen Schultagen Aufgabenstellungen zu vier Texten, die verschiedene Lernbereiche betreffen. Es wurden Textdidaktisierungen aus folgenden Bereichen bereitgestellt:

- ein Text aus der Allgemeinbildung,
- ein Sachtext mit allgemeinem Bezug auf die gewerbliche Arbeitswelt,
- ein bis zwei berufsspezifische Fachtexte.

Mit diesen drei bis vier Texten gelingt es, eine genügende Anzahl von Sprachhandlungen anzuleiten, um je sieben von acht Deskriptoren der beiden Niveaus A_2 und B_1 zu überprüfen, die in der für die Berufsschulen angepassten Deskriptorenliste zum Leseverstehen (hier auch «Checklisten» genannt) festgehalten sind.

2.4.1 Die Deskriptorenliste für Berufsschulen

Die Deskriptorenliste der Berufsschulen bildet einen wichtigen und funktionalen Bestandteil der Broschüre *Lesen und Verstehen – kein Problem!* (Schiesser/Nodari 2003), welche die Lernenden zu Beginn der Lehre mit den Erhebungs- und Fördermassnahmen der Projektschulen bekannt macht und Lesen von verschiedenen Seiten her thematisiert. Die Deskriptoren wurden in Zusammenarbeit mit den Lehrpersonen der beiden Berufsschulen formuliert. Die Vorschläge der Lehrpersonen wurden nach qualitativen Methoden (GER, S. 203 f.) geordnet, redigiert und in die Abfolge der Lernprogression gebracht. Für die Einordnung in die Niveau-Skala des GER (A_1–C_2) wurden die Berufsschul-Deskriptoren mit den globalen sowie auch den detaillierten Deskriptoren des Sprachenportfolios (ESP) verglichen. Vor allem die Deskriptoren der unteren Niveaus wurden sprachlich möglichst einfach verfasst, sodass sie auch für Lernende fremder Muttersprache verständlich wurden. Die Deskriptorenliste der Berufsschulen umfasst alle sechs Stufen nach GER. Jede Stufe ist mit einem Globaldeskriptor und acht Detaildeskriptoren beschrieben. Dabei stehen die in der Berufsausbildung wesentlichen Lesekompetenzen im Fachunterricht und im allgemeinbildendem Unterricht im Vordergrund. Neben dem Umgang mit den typischen Textsorten werden die wichtigsten Lesetechniken berücksichtigt («Strategie beim Lesen und Verstehen») sowie die Arbeit mit dem Fachwortschatz. Das bedeutet, dass für die Erhebung der Lesekompetenzen einer Berufsschülerin oder eines Berufsschülers zwingend verschiedene Textsorten benutzt, zentrale Lesetechniken angeleitet und Aufgabenstellungen für ihren oder seinen Fachbereich formuliert werden müssen.

Niveau L A2:

Ich kann kurze, einfache Texte lesen und wichtige Informationen finden (z.B. in Inseraten, Prospekten usw.). Ich kann einfache private Briefe lesen und verstehen.

	Ich					Lehrperson	Meine Ziele
LESEN	S	1	2	3	4	L	Z
1.1 Ich kann in einem einfachen Text gesuchte Informationen finden und verstehen.							
1.2 Ich kann in einem einfachen Sachtext gesuchte Begriffe und Zahlen finden und verstehen.							
1.3 Ich kann Gebrauchsanweisungen und Arbeitsvorschriften verstehen, wenn sie ganz einfach geschrieben sind oder wenn es Bilder dazu gibt (z.B. Benutzung eines elektrischen Gerätes, Sicherheitsvorschriften am Arbeitsplatz usw.).							
1.4 Ich kann in einer Zeitung die Kleininserate überfliegen und etwas heraussuchen (z.B. Wohnung, Computer, Auto). Ich kann die wichtigsten Informationen über Grösse, Leistung, Preis und Extras verstehen.							
STRATEGIE BEIM LESEN UND VERSTEHEN	S	1	2	3	4	L	Z
2.1 Ich kann in einem einfachen Text gesuchte Informationen finden und unterstreichen.							
2.2 Ich kann Bilder und Zahlen benutzen, um besser zu verstehen.							
FACHWORTSCHATZ	S	1	2	3	4	L	Z
3.1 Ich kann neue Fachbegriffe aus meinem Beruf verstehen, wenn ein Bild dabei ist.							
3.2 Ich kann Fachbegriffe verstehen, die aus zwei oder mehr Wörtern zusammengesetzt sind, wenn ich diese Wörter kenne.							

Niveau L B1:

Ich kann Texte aus dem Alltag und aus meinem Beruf verstehen. Ich kann längere private Briefe, einfache Sachtexte und einfache Aufgabenstellungen verstehen.

	Ich	Lehrperson	Meine Ziele

LESEN	S	1	2	3	4	L	Z
1.1 Ich kann die wichtigen Punkte in kürzeren Texten aus Zeitungen, Zeitschriften, Broschüren usw. finden, und ich kann die Grundaussage verstehen.							
1.2 Ich kann einfache Sachtexte lesen und die wichtigsten Informationen verstehen.							
1.3 Ich kann Mitteilungen und Briefe von Firmen oder Vereinen und einfache amtliche Mitteilungen von Behörden oder von der Schule verstehen.							
1.4 Ich kann eine einfache, klar aufgebaute Geschichte lesen und die Handlung verstehen. Ich kann wichtige Personen und Ereignisse von unwichtigen unterscheiden.							

STRATEGIE BEIM LESEN UND VERSTEHEN	S	1	2	3	4	L	Z
2.1 Ich kann die Abschnitte eines einfachen Texts mit wenigen Worten zusammenfassen.							
2.2 Ich kann die Schlüsselinformationen in einem Text heraussuchen. Im Fachrechnen kann ich in den Satzaufgaben die gegebenen Zahlen und Einheiten (Sorten) finden.							

FACHWORTSCHATZ	S	1	2	3	4	L	Z
3.1 Ich kann die Fachbegriffe aus meinem Beruf verstehen, die häufig benutzt werden.							
3.2 Ich kann ein spezielles Fachwörterbuch für meinen Beruf benützen.							

2.4.2 Unterscheidung nach «Prüfungstypen»

Im GER wird unterschieden zwischen dem Sprachstandstest und der Qualifikationsprüfung. Der Sprachstandstest (Leistungstest) misst, wie gut bestimmte Lernziele erreicht worden sind, und erlaubt eine normorientierte bzw. gruppenorientierte Bewertung mit einer nachvollziehbaren Notengebung. Bezüglich Sprachunterricht stellt das Resultat aus einem Sprachstandstest eine Innenperspektive auf die Leistung der Lernenden dar.

Die Qualifikationsprüfung ist hingegen auf Kompetenzen gerichtet, mithilfe von Sprache bestimmte Aufgaben zu erfüllen. Die Fähigkeiten werden in Bezug auf einen bestimmten Lebensbereich, auf eine Art von kommunikativer Problemstellung hin geprüft, unabhängig von den Fähigkeiten einer Vergleichsgruppe. Wie diese Fähigkeiten von den einzelnen Probanden erworben wurden, interessiert hier nicht. Ob die Kompetenzen mit Fleiss im Sprachkurs trainiert wurden oder ob sie durch den Sprachgebrauch im Alltag allmählich zustande gekommen sind, ob erschwert durch eine erst vor kurzem erfolgte Zuwanderung ins Sprachgebiet oder erleichtert durch ein sprachlich speziell anregendes Elternhaus, all das wird nicht mitbewertet. Somit bieten die Resultate einer Qualifikationsprüfung eine vom Unterricht losgelöste Aussenperspektive auf die Kompetenzen der Lernenden.

Es sei hier noch einmal ausdrücklich vermerkt, dass es bei den Erhebungen an den Berufsschulen nicht um das Prüfen theoretischer oder formaler Sprachbeherrschung geht, sondern ausschliesslich um die Frage, wie gut die Einzelnen aufgrund ihrer Lesekompetenzen imstande sind, Inhalte aus einem Text zu erschliessen. Das Ziel ist die Zuordnung zu einem Kompetenzniveau, nicht die Benotung von schulischer Leistung. Die Erhebungen der Projektschulen entsprechen eindeutig dem Typus der Qualifikationsprüfung. Es wäre angesichts der völlig unterschiedlichen Wege, auf denen die Berufsanfänger und -anfängerinnen ihr Deutsch erworben haben, nicht zu rechtfertigen, einen Leistungstest durchzuführen, der den schulischen Erwerb ganz bestimmter Sprachkenntnisse voraussetzt.[29]

---

[29] Der GER beschreibt die Vor- und Nachteile der Prüfungstypen und sagt über die Qualifikationsprüfung: «Arbeitgeber, Bildungsbehörden und erwachsene Lernende haben für gewöhnlich ein grösseres Interesse an einer Bewertung der Sprachkompetenz, also der Beurteilung dessen, was jemand zum gegebenen Zeitpunkt tun kann» (GER 2001, Kap. 9.3.1).

2.4.3 Die Rolle der Selbsteinschätzung

Neben der Arbeit mit den Erhebungstexten, die zu einer möglichst objektiven Beurteilung durch die Lehrperson führt, beschäftigen sich die Berufsschüler und -schülerinnen während der Erhebungsphase mit den Kann-Beschreibungen der Deskriptorenliste, auf deren Basis auch die Bewertung der Arbeiten erfolgt. Sie benutzen die Kann-Beschreibungen für eine Einschätzung der eigenen Kompetenzen und erfahren dabei, dass sich «Lesen» je nach Situation bzw. Aufgabenstellung ganz unterschiedlich gestalten kann. Durch diese Beschäftigung erwerben sie das Vokabular, das ihnen ermöglicht, sich über eigene Kompetenzen und Defizite Gedanken zu machen, Lernziele festzulegen, mit der Lehrperson ein Gespräch über Fördermassnahmen zu führen usw. Diese gleichen Kann-Beschreibungen prägen – in ausdifferenzierter Form – die Aufgabenstellungen der Erhebungstexte. Somit wirkt sich die Kenntnis der Deskriptoren auch bei der Erarbeitung der didaktisierten Texte vorteilhaft aus, weil sie indirekt die Ansprüche zum Ausdruck bringen, die hinter den Aufgabenstellungen im Text verborgen sind. Mit anderen Worten: Die Lernenden werden durch die Kenntnis der Deskriptoren verstehen, dass nicht die richtige Antwort auf dem Aufgabenblatt das hohe Ziel aller Bemühungen ist, sondern ein differenzierter und kompetenter Umgang mit dem Text.

Es gibt einen weiteren wichtigen Grund, weshalb wir die Selbsteinschätzung als wesentlichen Bestandteil der Erhebung betrachten: Wenn die komplexe Kulturtechnik des Lesens den Lernenden als ein Bündel an sich einfacher, lernbarer Handlungen nähergebracht wird, von denen sie als Berufslernende einen Teil durchaus schon beherrschen (Niveau A_1, teilweise A_2, B_1), dann wird ihnen ein Stück Lerner-Autonomie gewährt. Sie können eine schrittweise Verbesserung ihrer Kompetenzen beschliessen, planen, durchführen und bewerten. Die Selbsteinschätzung wird deshalb im GER auch als wichtiges Element für die Lernmotivation beschrieben: «Die grösste Bedeutung hat die Selbstbeurteilung aber als ein Instrument für die Motivation und für ein bewussteres Lernen: So kann sie den Lernenden helfen, ihre Stärken richtig einschätzen zu lernen, ihre Schwächen zu erkennen und ihr Lernen effektiver zu gestalten» (GER, Kap. 9.3.13).

2.4.4 Einbindung der Erhebung in die Fördermassnahmen

Die Erhebung ist nicht nur ein Einstufungsinstrument, sondern bereits auch ein Teil der integrierten Fördermassnahmen. Die Arbeit mit den drei, vier Texten macht die Lernenden mit einer Arbeitsform vertraut, die sie in der Sekundarstufe I nicht bzw. nicht konsequent genug erworben haben, nämlich mit dem Erarbeiten von Inhalten durch Lesen in Einzelarbeit. Es ist zu beachten, dass die Einstufung zwar als Instrument zum Erkennen von Defiziten ernst genommen und entsprechend sorgfältig bei den Lernenden eingeführt werden muss, dass aber die Erzeugung einer Prüfungsatmosphäre kontraproduktiv wirkt. Eine solche Atmosphäre kann dazu führen, dass jede zukünftige textbasierte Aufgabenstellung als Prüfung erlebt wird. Die Präferenz der mündlichen Unterrichtsformen, die bei den Lernenden der Projektschulen vorherrscht, würde weiter verstärkt. Der Prüfungscharakter kann abgeschwächt werden, indem den Lernenden das ganze Erhebungsverfahren mit seinen Zielsetzungen transparent gemacht wird. Sie haben zum Beispiel das Recht zu wissen, dass sie nicht aufgrund einer einzigen, sondern von drei oder vier Textarbeiten eingestuft werden und dass sie damit eine Möglichkeit erhalten, sich an die Arbeitsform zu gewöhnen und sich zunehmend zu verbessern. Auch hier kann die Autonomie und somit die Motivation der Lernenden unterstützt werden.

Es gibt noch einen weiteren, nicht unerheblichen Aspekt, der die lesefördernde Wirkung der Arbeit mit den Erhebungstexten unterstützt. Die Textinhalte sind Bestandteil des schulischen Stoffplans. Da die Schulzeit der Berufslernenden knapp bemessen ist, ist es sinnvoll, dass sie mit den Texten für die Erhebung einen Teil der schulrelevanten Inhalte erarbeiten. Dies nicht nur aus Gründen der Synergie, sondern auch, weil damit die folgende wesentliche Botschaft an die Lernenden ergeht: Lesen ist ein zentrales Instrument der Wissensaneignung und somit der Ausbildung. Es ist also auch für diejenigen wichtig, die sich im Privaten lieber den Bildern und Tönen widmen als dem Text. Lesen ist eine ausbildungsrelevante Schlüsselkompetenz.

2.4.5 Prospektive Wirkung der Erhebung

Die Arbeit mit den Erhebungstexten bildet eine Grundlage für die weitere, kontinuierliche Förderung der Lesekompetenzen im Berufsschulunterricht:

Didaktisierte Texte bzw. textorientierte Aufgabenstellungen kommen – verteilt über die drei Lehrjahre – regelmässig zum Einsatz, um Leseroutinen aufzubauen und die Lesekompetenzen zu erweitern. Die Lehrpersonen können sich bei der Planung der Aufgabenstellungen an den Kann-Beschreibungen der Deskriptorenliste orientieren und die Anforderungen differenzieren und variieren, um einzelne Kompetenzen gezielt zu fördern.

Ob die Lernenden sich wiederholt einschätzen müssen – förderlich wäre dies – oder ob sie einfach durch die Feedbacks zu den textbasierten Aufträgen wiederholt mit ihren Kompetenzen und Defiziten konfrontiert werden, ist nicht entscheidend. Durch die erste Selbst- und Fremdeinschätzung wird eine Grundlage für die reflektierte Auseinandersetzung mit dem Lesen etabliert. Schwache Leserinnen und Leser werden erkannt und auf die Zusatzförderung verwiesen. Das Förderziel der Berufsschulen ist damit aber noch nicht erreicht: Die Lernenden sollen bis zum Lehrabschluss das Niveau B_2 erreichen. Mit den vorhandenen Ressourcen ist dieses Ziel – die Steigerung um gut ein Niveau – dann zu erreichen, wenn die durch die Erhebung gewonnenen Grundlagen, die zusätzlichen Fördermassnahmen für schwache Leser und Leserinnen und die im Pflichtunterricht integrierten Fördermassnahmen optimal aufeinander abgestimmt werden. Die flächendeckende (alle Lehranfänger und -anfängerinnen umfassende) Erhebung der Lesekompetenzen ist in der vorgestellten Form der erste Bestandteil eines umfassenden Förderkonzepts.

2.4.6 Organisation und Durchführung der Erhebung

Vorauszuschicken ist, dass bei den Projektschulen wie auch bei weiteren Berufsschulen im Kanton Zürich, die sich mit dem Förderkonzept auseinandergesetzt haben, die Erhebung selbst unterschiedlich organisiert und in unterschiedlichem Umfang durchgeführt oder auch weggelassen wird. Wir gehen davon aus, dass jede Schule nach Massgabe ihrer Möglichkeiten und ihres Bedarfs eine eigene, passende Lösung finden muss. Zusammenfassend stellen wir hier die Elemente der Maximalvariante einer flächendeckenden Erhebung vor, wie sie an den Projektschulen aufgebaut und ausgiebig erprobt wurde:

- Die Erstjahr-Berufslernenden lernen an einem gesamtschulischen Anlass die Broschüre *Lesen und Verstehen – kein Problem!* kennen und werden über das Sprachförderkonzept der Schule informiert. Aufwand: 1 bis 2 Stunden.

- Die Lernenden werden im Klassenunterricht in die «Checklisten» eingeführt und machen eine Selbsteinschätzung (Selbsteinschätzung ohne Lesetext). Aufwand: 1 bis 2 Stunden. Diese Aufgabe wird in der Regel von der Lehrperson für den allgemeinbildenden Unterricht übernommen.
- Die Lernenden bearbeiten in den folgenden Wochen drei bis vier Texte aus verschiedenen Bereichen (Allgemeinbildung, allgemeines berufsbezogenes Wissen, Fachkenntnisse). Anhand eines Lösungsblatts korrigieren sie ihre Lösungen selbst (zumindest beim ersten Text, damit sie verstehen, wie es funktioniert) und übertragen die Resultate in ihre persönliche Checkliste (Selbsteinschätzung mit Text). Aufwand: pro Text 20 bis 45 Minuten, die einen Teil des normalen Unterrichts darstellen. Für die erste Selbstkorrektur (mit Instruktion durch die Lehrperson) ist ein Zusatzaufwand für die Lernenden anzusetzen, der in etwa der Bearbeitungszeit entspricht.
- Die Lehrpersonen werten die Lösungen der Lernenden ebenfalls aus und übertragen das Ergebnis in Checklisten (Fremdeinschätzung). (Je nach Organisationsform sind es die Originalchecklisten der Lernenden oder separate Listen.) Aufwand: wie eine Prüfungskorrektur.
- Im Lehrer-Schüler-Gespräch werden die Resultate der Selbsteinschätzung mit jenen der Fremdeinschätzung verglichen. Einzelne Probleme beim Verstehen können angesprochen werden. Die Lernenden wählen ein bis zwei Deskriptoren als individuelles Lernziel, und die Lehrperson gibt – wo nötig – Empfehlungen ab für individuelle Massnahmen oder für den Besuch eines Zusatzförderkurses. Aufwand: 5 bis 10 Minuten pro Gespräch.

2.4.7 Einstufung nach GER für alle

Für die Einstufung bezüglich Lesekompetenzen haben die Projektbeteiligten den *Gemeinsamen Europäischen Referenzrahmen* beigezogen, der die Sprachlernprogression für Fremdsprachenlernende abbildet. Die Feststellung des Niveaus ist eine relativ grobe Einstufung, die den fein abgestuften Notenskalen im Unterricht nicht entspricht.[30] Wie wir oben (S. 36) bereits

---

[30] Auch wenn es möglich wäre, innerhalb eines Niveaus die «erfüllten» Deskriptoren zu zählen, so sind diese doch so unterschiedlicher Art, dass jeder Ansatz einer gerechten Benotung scheitern muss.

dargestellt haben, eignet sich hingegen die Einstufung A_1–C_2 besonders für eine differenzierte und auch für die Lernenden verständliche Abklärung, wie weit ihre Lesekompetenzen den Ansprüchen von aussen genügen.

An den Berufsschulen werden auch die Schweizer deutscher Muttersprache an der B_1-Schwelle gemessen. Viele von ihnen zeigen im schriftlichen Bereich vergleichbare Verstehensprobleme wie die DaF- und DaZ-Sprechenden.[31] Eine Aufteilung der Klassen nach sprachlichem Hintergrund wäre einerseits unmöglich, weil – gerade bei den Lernenden nicht deutscher Muttersprache – die Spracherwerbsverläufe völlig unterschiedlich sind. Andererseits würde diese Aufteilung auch nicht mit den Defiziten beim Leseverstehen korrelieren. Die lesespezifischen Kompetenzen sind schulischer Natur und können weitgehend in einer anderen Sprache erworben, ebenso gut aber in der hiesigen Muttersprache vernachlässigt worden sein. Art und Qualität der Bildung, soziale Herkunft, Schriftnähe des Elternhauses usw. üben hingegen einen grossen Einfluss aus. Während also bei den mündlichen Sprachverarbeitungsbereichen Sprechen und Hören für die Schüler deutscher (und deutschschweizerischer) Muttersprache ein grosser Lernvorsprung auf Zweitsprachler zu erwarten ist, spielen bei den schriftlichen Kompetenzen Schreiben und Lesen andere Faktoren eine erhebliche Rolle. Und gerade für mundartgewohnte Jugendliche, denen oft die Standardsprache wie eine Fremdsprache erscheint, erweisen sich die didaktischen und methodischen Instrumente der Fremd- und Zweitsprachdidaktik als äusserst hilfreich.[32]

Als Fazit können wir festhalten, dass bei unserer Zielgruppe durch die vorgestellte Art und Weise der Erhebung das Problem der sprachlichen Herkunft nicht im Vordergrund stand. Selbstverständlich wird die Lehrperson sofort reagieren, wenn ein Schüler deutscher Muttersprache bei der Leseerhebung nur das Niveau A_1 erreicht. Hier kann sich zum Beispiel eine ausgeprägte Abwehrhaltung, ein Sehfehler oder ein unentdecktes Legasthenieproblem verbergen – Probleme, die nach zusätzlicher Abklärung und spezifischen Massnahmen verlangen.

---

31 DaF: Deutsch als Fremdsprache (z.B. Neumigrierte mit Deutschunterricht im Ausland), DaZ: Deutsch als Zweitsprache (z.B. Jugendliche aus fremdsprachigem Elternhaus mit längerem Aufenthalt im deutschsprachigen Gebiet).
32 Vgl. auch Daniela Plüss, Allgemeinbildung: Die Sprache schläft nicht! in: BCH folio Berufsbildung Schweiz, 132. Jg. (2007), Heft 1, S. 6–13.

3 Grundlagen der Lesedidaktik

3.1 Didaktik Deutsch als Erstsprache vs. Deutsch als Zweitsprache

Die Zusammensetzung der Schülerschaft hat sich in den vergangenen dreissig Jahren durch die Zuwanderung von Arbeitsmigranten und vor allem durch den verstärkten Familiennachzug stark verändert. Heute sind in Volksschulen der urbanen Agglomerationen Klassen mit einem Anteil von über 50 Prozent zwei- und mehrsprachigen Kindern keine Ausnahme. Die meisten Kinder mit Migrationshintergrund lernen Deutsch als Zweitsprache (DaZ), Deutsch wird also nach der Erstsprache erworben, zum Beispiel beim Eintritt in den Kindergarten oder in die Primarschule. Viele Kinder, die erst im Schulalter zuwandern, müssen die deutsche Sprache gar in wenigen Jahren so weit lernen, dass sie dem Regelunterricht zusammen mit den deutschsprachigen Kindern folgen können.

In der Didaktik hat sich demzufolge der Bereich Didaktik des Deutschen als Zweitsprache im deutschsprachigen Raum seit den 70er-Jahren etabliert.[33] Trotzdem stellte Ingrid Gogolin noch 1994 fest, dass die Unterrichtspraxis in den Schulen nach wie vor von einem monolingualen Habitus geprägt ist.[34] Das bedeutet im Klartext: Im Unterricht wird davon ausgegangen, dass alle das Deutsche beherrschen wie Muttersprachler; Lehrmittel, didaktische

---

[33] In Deutschland und Österreich bieten 38 Universitäten Lehrgänge für Deutsch als Fremd- und Zweitsprache an. Diese sind aufgelistet zum Beispiel unter ‹http://www.spz.tu-darmstadt.de/sonstiges/Daf-Inst.html› (Stand: 22.02.2005). An den Deutschschweizer Universitäten fehlen entsprechende Lehrgänge. Erst mit der Gründung der Pädagogischen Hochschule Zürich im Jahr 2003 wurde der Fachbereich «Deutsch als Zweitsprache» etabliert. Seither müssen dort alle Studierenden mit der Fachwahl Deutsch mindestens ein Modul zur Didaktik des Deutschen als Zweitsprache absolvieren. Ein entsprechendes Angebot gibt es auch an der Pädagogischen Hochschule in Solothurn (FHNW).

[34] Ingrid Gogolin, Der monolinguale Habitus der multilingualen Schule (Münster 1994).

Konzepte und Vorgehensweisen nehmen keine Rücksicht darauf, dass einem Grossteil der Schülerschaft Deutsch nicht in die Wiege gelegt wurde. Diese Art des Unterrichtens wird auch als Submersion bezeichnet. Anderssprachige Kinder und neu zugewanderte Jugendliche werden in die neue Sprache «eingetaucht», ohne dass sie im Regelunterricht Unterstützung erhalten, die ihren Voraussetzungen entspricht – denjenigen nicht Deutschsprachiger. Eine gezielte Sprachförderung erfolgt lediglich ausserhalb des Regelunterrichts mit zusätzlichen Förderlektionen, die in jeder Hinsicht aufwendig sind.

Anders sieht das Lernen einer neuen Sprache gemäss dem fremdsprachdidaktischen Ansatz des Immersionsunterrichts aus. Hier wird die neue Sprache zusammen mit Fachinhalten gelehrt und gelernt. So wird heute an manchen deutschsprachigen Gymnasien der Geschichts- oder Geografieunterricht auf Englisch erteilt. Die Lernenden erhalten dabei didaktische Unterstützung, die ihren Voraussetzungen – jenen nicht Englischsprachiger – entspricht. Die folgende Tabelle illustriert die Gegensätze der beiden Unterrichtsformen.

Submersion	**Immersion**
Die Lernenden gehören der/einer sprachlichen Minderheit an.	Die Lernenden gehören der sprachlichen Mehrheit an.
Ihre Erstsprache hat ein geringes Sozialprestige.	Ihre Erstsprache hat ein grosses Sozialprestige.
Die Eltern der Lernenden kommen zumeist aus der unteren Mittelschicht und der Arbeiterklasse.	Die Eltern der Lernenden kommen zumeist aus der oberen Mittel- und der Oberschicht.
Die Zweitsprache droht, die Bedeutung der Erstsprache zu relativieren oder sie zu verdrängen.	Die Zweitsprache stellt keine Bedrohung für die Erstsprache dar.
Die Zweitsprache ist Schulsprache, die Lernenden sitzen mit Muttersprachigen in einer Klasse.	Die Zweitsprache ist für alle in der Klasse gleichermassen eine fremde Sprache.

Die Lernenden werden am Standard der Muttersprachigen gemessen.	Die Lernergebnisse werden nicht direkt mit denen von Muttersprachigen verglichen.
Die Lernenden haben eher wenig Selbstvertrauen und finden zu Hause in schulischen Dingen oft wenig Unterstützung.	Die Lernenden haben eher ein hohes Selbstvertrauen und geniessen auch oft viel ausserschulische Unterstützung.
Die Zweitsprache ist Unterrichtssprache und Sprache der Umgebung.	Die Zweitsprache ist Unterrichtssprache, jedoch nicht Sprache der Umgebung.
Die Sprache der Umgebung ist oft nicht die in der Schule gelernte Variante der Zweitsprache (Dialekt und Umgangssprache vs. Hochsprache).	Die Lernenden kommen ausschliesslich mit der Standardvariante der Zweitsprache in Kontakt.

Nach H. Sarter, Sprache, Spracherwerb, Kultur (Tübingen 1991), S. 134.
Quelle: Paul R. Portmann-Tselikas, Sprachförderung im Unterricht.
Handbuch für den Sach- und Sprachunterricht in mehrsprachigen Klassen (Zürich 1998).

Die lateinischen Verben *immergere* und *summergere (submergere)* bedeuteten auf Lateinisch fast dasselbe: *Immergere* bedeutet «eintauchen», *summergere* «ganz eintauchen, untertauchen». Deshalb könnte man zur obigen Gegenüberstellung folgenden Vergleich anstellen: Immersion ist wie Schwimmunterricht in 28-Grad-Wasser mit Schwimmhilfen, während Submersion einem Schwimmunterricht in 16-Grad-Wasser ohne Schwimmhilfen entspricht.

Da im herkömmlichen Deutschunterricht Konzepte und Vorgehensweisen der Erstsprachdidaktik vorherrschen, die vom Vorhandensein der muttersprachigen Kompetenz ausgehen und im Bereich der Leseförderung vor allem die Motivation zum Lesen durch gute Texte und genügend Lesezeit in den Vordergrund stellen, geraten die fremdsprachigen Schüler und Schülerinnen in die Situation der Submersion. Wie Kinder anderer Herkunftssprachen ihre Lesekompetenz auf- und ausbauen können und wie ein differenzierender Leseunterricht aussehen könnte – diese Fragen bleiben ohne Antwort.

Aus der Perspektive der DaZ-Didaktik sind die Resultate aus den OECD-Untersuchungen in Bezug auf das Leseverstehen nicht weiter verwunderlich. Kinder und Jugendliche entwickeln instinktiv Problemlösungsstrategien, um den Ansprüchen der Schule zu genügen. Allerdings handelt es sich dabei nicht immer um produktive Strategien zum Aufbau von Lesekompetenzen, sondern eher um Vermeidungsstrategien, die auf den Weg des geringsten Widerstandes abzielen. So kann man zum Beispiel bei vielen Lernenden beobachten, dass sie dem Lesen ausweichen und sich einen Teil der verpassten Lerninhalte – mit viel strategischem Geschick – während der mündlichen Phasen des Unterrichts zusammenklauben. Solche verbreiteten Lesevermeidungsstrategien sind mit verantwortlich für die mässigen Leseleistungen der 15-Jährigen, die sich bei den PISA-Erhebungen zeigten. Bei PISA wurden nämlich durch textbezogene Aufgabenstellungen Strategien des Arbeitens mit gedrucktem Text verlangt und geprüft, und genau diese strategische Lesekompetenz fehlt vielen Jugendlichen am Ende der obligatorischen Schulzeit.

Das Problem ist nicht, dass keine fundierte Methodik des Lesens und Verstehens zur Verfügung stünde. Eine solche wird seit mehreren Jahrzehnten in der Fremd- und Zweitsprachdidaktik kontinuierlich entwickelt und vor allem im immersiven Fremdsprachenunterricht angewendet. Im Rahmen des LSB-2-Projekts *Deutschförderung in der Lehre* wird also keine neue Methode der Leseförderung propagiert, es werden vielmehr bewährte Methoden aus der Zweit- und Fremdsprachendidaktik auf die integrierte Leseförderung im Sach- und Fachunterricht übertragen.

Vorgehensweisen für das Lesen und Verstehen von Fach- und Sachtexten stehen schon längst zur Verfügung. Das Problem besteht darin, dass die Erstsprachdidaktik sowohl die veränderte Zusammensetzung der Schulklassen als auch die zweit- und fremdsprachdidaktischen Methoden in den vergangenen dreissig Jahren nicht gebührend berücksichtigt hat.

In der Deutschdidaktik und im Regelunterricht selbst ist nach wie vor ein Paradigmenwechsel angezeigt. Die Voraussetzungen der Lernenden haben sich radikal verändert, also muss sich auch die Lesedidaktik in der Volksschule radikal verändern; neben dem Viel-Lesen (viel Lesezeit, Bibliotheksbesuche, Lesenacht usw.) und Gern-Lesen (Jugendliteratur, Comics, motivierende Texte) braucht es auch die Unterstützung zum Gut-Lesen (Lesestrategien, Lesetechniken, Training).[35] Eine Leseförderung an Berufsschulen kann sich

---

[35] Gerd Kruse, Gern Lesen UND gut Lesen, Gedanken zur Weiterentwicklung des Lese- und Literaturunterrichts, in Quimsnachrichten (2005), Heft 2. Verfügbar unter: ‹www als 2579_0_quims-2-05.pdf›.

aufgrund der sehr beschränkten Lektionenzahl lediglich auf den Pfeiler «gut Lesen» abstützen (Siehe dazu Kap. 4).

3.2 Verstehen und Lernen als sprachliche Handlungen

Es gibt verschiedene Auffassungen darüber, wie Verstehen und Lernen stattfinden. Zwei grundsätzliche philosophische Konzepte, die auf das didaktische Vorgehen im Unterricht grosse Auswirkungen haben, seien hier kurz skizziert.

Das erste Konzept stützt sich auf die Theorie der Sprachhandlung. Jede Form von Sprachgebrauch wird dabei als sprachliches Handeln definiert. Ob ein Mensch jemanden grüsst, ob er einen Brief schreibt oder anhand eines Lehrmitteltextes neues Wissen erwirbt, jedesmal vollzieht er ganz spezifische sprachliche Handlungen, die einen Austausch zwischen Sender und Empfänger implizieren.

Wenn ein Lernender die Inhalte eines Textes liest und versteht, ergibt sich das Verstehen nicht allein dadurch, dass der Lernende sämtliche Wörter und Sätze versteht. Der Mensch vollzieht bewusst oder unbewusst viele verschiedene sprachliche Handlungen, die ihm erlauben, den Inhalt des Textes nachzuvollziehen.

Viele Lehrpersonen vertreten die Meinung, dass die Lernenden Texte infolge mangelnder Kenntnis der Unterrichtssprache nicht verstehen. Als Gegenmassnahme werden alle Fachbegriffe und die ungewöhnlichen sprachlichen Strukturen erklärt. Die Erfahrung, dass diese didaktische Massnahme nicht zum Ziel führt, können Lehrpersonen an den Berufsschulen täglich machen. Sie erkennen auch, dass Lernende mit deutscher Muttersprache ihre besseren Sprachkenntnisse nicht immer für ein besseres Verstehen nutzbar machen können.

Mit guten Aufgaben, die zu sprachlichen Handlungen anleiten (wie zum Beispiel Kernsätze finden, Abschnitte in maximal vier Wörtern zusammenfassen, numerische Angaben in eine Tabelle setzen, über zusammengesetzte Wörter reflektieren usw.), kann sowohl fremdsprachigen als auch deutschsprachigen Jugendlichen mit schwachen Lesekompetenzen zu einem besseren Textverständnis verholfen werden. Das didaktische Konzept des handlungsorientierten Unterrichts impliziert genau das, was die Didaktisierung von Lesetexten leistet: im Unterricht Handlungen anleiten, die zu erfolgreichem Verstehen und Lernen führen.

Das zweite Konzept bezieht sich auf die konstruktivistische Lerntheorie und hat ihren Ursprung in den Arbeiten des Philosophen und Psychologen Jean Piaget. Er untersuchte die Entwicklung von Kindern und führte mit seiner epistemologischen Theorie den Begriff der *Konstruktion von Wissen* ein. Seine Nachfolger übertrugen Piagets Erkenntnisse über das Wissen und Lernen auch auf den Bereich der Sprache.[36]

In der radikalen Auslegung einer konstruktivistischen Sprachtheorie[37] transportiert Sprache keine Inhalte. Aufgrund seiner Situation, seines Wissens und seiner Erfahrungen konstruiert der Empfänger einer Äusserung deren Bedeutung. Nur wenn er in Bezug auf den Hintergrund der Äusserung mehr oder weniger das gleiche Wissen besitzt wie der Absender, wird er eine Bedeutung konstruieren, die mit der Auffassung des Absenders annähernd übereinstimmt. Dabei erweitert sich das Wissen des Empfängers um so viel, wie notwendig ist, um Widersprüche zwischen seinem Vorwissen und der Äusserung des Absenders auszugleichen. In diesem Ausgleich besteht der eigentliche Lernprozess. Sollte die Äusserung sich mit dem Wissen des Empfängers nicht vereinbaren lassen, so könnte er den Sinn nicht konstruieren – die Nachricht wäre für ihn un- oder missverständlich.[38]

Diese beiden Konzepte (die Sprachhandlungstheorie und die konstruktivistische Lerntheorie) sind grundlegend für die neuere Lesedidaktik. Die Kenntnis des Codes, d. h. der Sprache, in der eine Äusserung gemacht wird, ist für das Verstehen nur noch ein bedeutender Faktor unter mehreren. Gerade in der Zweit- und Fremdsprachendidaktik muss davon ausgegangen werden, dass dieser Code nur teilweise bekannt ist. Deshalb bemüht sich die Zweit- und Fremdsprachendidaktik, die anderen Faktoren, die neben der Sprachkenntnis zum Verstehen beitragen, stärker zu nutzen. Ein wichtiger Faktor ist das Weltwissen, auf das die Textinhalte bei den Lesenden treffen. Nicht bloss

---

[36] Dagmar Blei, Aufgaben zur Entwicklung einer fachkommunikativen Kompetenz., in: Informationen Deutsch als Fremdsprache, 29. Jg. (2002), Heft 4, S. 289ff.

[37] Ernst von Glasersfeld (*1917) bezeichnete seine Theorie des Lernens und Wissens als radikalen Konstruktivismus.

[38] «Lesen bedeutet demnach das Wiedererkennen von Wissensbeständen, über die das lesende Individuum schon verfügt. Man könnte formulieren, dass Lesen nicht ‹Sinnentnahme aus Texten› heisst, wie dies die Rede vom sinnentnehmenden Lesen nahelegt, sondern die Zuweisung von Sinn an einen Text.» Wolfgang Steinig/Hans-Werner Huneke, Sprachdidaktik Deutsch – Eine Einführung, 2., überarb. und erw. Aufl. (Berlin 2004), S. 171–172.

das Sprachwissen, sondern auch das Wissen aus den (Lebens-)Erfahrungen und das erlernte Wissen sind also entscheidend, insbesondere das unmittelbare Hintergrundwissen zum Thema einer Äusserung, eines Texts. Als weitere Voraussetzungen für das Verstehen im Unterricht gelten das Wissen um die Formen und Funktionen von Unterrichtssequenzen (was wird von mir erwartet, und wofür ist es gut?) und – beim Arbeiten mit Texten – das Wissen um die Textsorte (welche Art von Information vermittelt diese Textsorte, und wie ist sie aufgebaut?) (vgl. Kap. 3.3).

Wie in der Sprachhandlungstheorie jeglicher Sprachgebrauch als ein aktives menschliches Handeln verstanden wird (also auch das Zuhören oder Lesen), so wird auch im konstruktivistischen Lernmodell das Verstehen und Lernen als ein aktiver Vorgang definiert. Das Konstruieren von Bedeutung auf der Seite des Empfängers einer Nachricht findet dann statt, wenn dieser die Information nicht nur passiv zur Kenntnis nimmt, sondern aktiv mit seinem Vorwissen vergleicht und die Abweichungen reflektiert. Eine effektive Lesedidaktik fordert deshalb, dass das Gelesene aktiv verarbeitet wird. Im Unterricht geschieht das in den meisten Fällen durch sprachliche Handlungen (wie zum Beispiel Markieren, Notieren, Aufzählen, Ergänzen, Umschreiben, Zusammenfassen).

Es besteht im Rahmen dieser Publikation keine Notwendigkeit, uns der exakten Begrifflichkeit der beiden Theorien weiter zu verpflichten. Wir erlauben uns weiterhin, von *Bedeutung, Inhalt* oder *Verstehen* eines Texts zu sprechen, im Sinn einer objektiven Tatsache. Was wir aber aus den beiden Theorien für die Lesedidaktik ableiten können, sind die folgenden zwei Leitsätze:

- Leseverstehen ist Resultat einer aktiven Beschäftigung mit dem Text. Aus diesem Grund leitet ein lesefördernder Unterricht zu unterschiedlichen Lesehandlungen an.
- Leseverstehen ereignet sich nur im Zusammenhang mit dem Vorwissen bzw. den Erfahrungen der Lernenden. Aus diesem Grund berücksichtigt ein lesefördernder Unterricht alle Ressourcen, die das Verstehen eines Textes beeinflussen.

3.3 Textkompetenz

Die Berufsschulen BBZ und MGZ haben bei ihren Lernenden die schwerwiegendsten Sprachdefizite beim Schreiben und Lesen geortet. Diese Defizite stören aber nicht nur dann, wenn gelesen oder geschrieben wird, denn Lesekompetenz und Schreibkompetenz sind Teilbereiche einer übergeordneten Kompetenz, der Textkompetenz,[39] die vor allem für ein erfolgreiches Lernen von Sachinhalten eine zentrale Rolle spielt.

Textkompetenz ist die Fähigkeit, mit Texten unterschiedlicher Art umzugehen, und zwar sowohl durch Lesen und Hören als auch durch Schreiben und Sprechen. Dabei geht es nicht um die typisch mündlichen Mitteilungen, die im Umgang unter Menschen spontan entstehen, sondern um Texte, die eine eigenständige Aussage machen und somit losgelöst von der Situation, in der sie stehen, verstanden werden müssen. Solche Texte orientieren sich an den Regeln der Schriftlichkeit. Die Unterschiede zwischen Mündlichkeit und Schriftlichkeit[40] sind im folgenden Schema zusammengefasst:

---

[39] Als Synonyme für Textkompetenz werden auch die Begriffe *Literatheit, Schriftkundigkeit, Literacy, konzeptuelle Schriftlichkeit* verwendet. Mit Textkompetenz ist im Sinne von Paul R. Portmann-Tselikas Folgendes gemeint: «Textkompetenz ermöglicht es, Texte selbstständig zu lesen, das Gelesene mit den eigenen Kenntnissen in Beziehung zu setzen und die dabei gewonnenen Informationen und Erkenntnisse für das weitere Denken, Sprechen und Handeln zu nutzen. Textkompetenz schliesst die Fähigkeit ein, Texte für andere herzustellen und damit Gedanken, Wertungen und Absichten verständlich und adäquat mitzuteilen.» Aus: P. Portmann-Tselikas, Textkompetenz (2005), verfügbar unter: ‹http://elbanet.ethz.ch/wikifarm/textkompetenz/uploads/Main/PortmannTextkompetenz.pdf› (Abruf: 6.7.2007).

[40] In der Alltagssprache der Lehrpersonen wird Mündlichkeit oft als Nominalisierung von *mündlich* verwendet. In der wissenschaftlichen Diskussion bezeichnet aber *Mündlichkeit* die Charakteristiken eines geschriebenen oder gesprochenen Textes, der nach den Kriterien der mündlichen Kommunikation produziert wurde (auch *Parlando* genannt). Umgangssprachlich kann *Mündlichkeit* umschrieben werden mit «Sie schreibt, wie sie spricht», analog dazu *Schriftlichkeit:* «Er spricht wie gedruckt.»

Durch Mündlichkeit geprägte Texte enthalten:	**Gesprochen**		**Durch Schriftlichkeit geprägte Texte enthalten:**
• zirkuläre Argumentationen • Wiederholungen • Gedankensprünge • unvollständige Sätze • grammatikalische Fehler • einen unpräzisen Wortgebrauch • Füllwörter	Alltagsgespräche Unterrichtsgespräche Diskussionen Smalltalk Schilderungen usw.	Sacherklärungen Einführungen Stellungnahmen Vorträge Reden usw.	• lineare Argumentationen • wenig Wiederholungen • keine Gedankensprünge • vollständige und komplexe Sätze • keine grammatikalischen Fehler • einen präzisen Wortgebrauch • keine Füllwörter
	Geschrieben		
	Texte von Kindern E-Mails persönliche Briefe Kurzmitteilung Notizen usw.	literarische Texte Geschäftsbriefe offene Briefe Zeitungstexte Sachtexte usw.	

Sobald im Unterricht die Sache bzw. der Lerngegenstand im Zentrum steht, weist die Kommunikation Charakteristika der Schriftlichkeit auf. Die Lehrperson gibt Sacherklärungen, hält Lehrervorträge usw.; zu lesen sind Sachtexte aus Lehrmitteln, Artikel aus Fachzeitschriften und Zeitungen usw. Die Schriftlichkeit im Unterricht lässt sich über folgende Eigenschaften definieren:
- die Ausrichtung auf eine Sachfrage,
- die monologische Struktur der Kommunikation (Informationsfluss von den Lehrenden zu den Lernenden),
- der Einsatz von Fachbegriffen.

Menschen erwerben ihre Sprachkompetenz naturgemäss in der mündlichkeitsgeprägten Form. Sie erwerben sie im sozialen Kontakt mit den Mitmenschen. Jim Cummins nennt die sprachlichen Fähigkeiten, die durch den kommunikativen Umgang entstehen, *Basic Interpersonal Communicative Skills* (BICS), was so viel wie «grundlegende Kommunikationsfähigkeiten» bedeutet.[41] Sobald der Mensch aber mit schriftlichkeitsgeprägten Texten, zum Beispiel mit gedruckten oder gesprochenen Nachrichten, umgehen muss, benötigt er zusätzlich zur Alltagssprachkompetenz auch eine altersgemäss entwickelte Textkompetenz. Cummins nennt dies *Cognitive Academic Language Proficiency* (CALP), was so viel wie «schulbezogene kognitive Sprachkenntnisse» bedeutet. Cummins hat als Erster darauf hingewiesen, dass die Textkompetenz eine sprachenübergreifende Kompetenz ist. Wer einmal – meist in seiner Erstsprache – gelernt hat, einen Gedankengang nachvollziehbar zu formulieren, kann diese Leistung auch in einer Fremdsprache erbringen, vorausgesetzt natürlich, dass die fremdsprachlichen Kenntnisse genügend ausgebildet sind. Das Gleiche gilt auch für das Verstehen eines komplexen Textes. Wer fähig ist, komplexe Texte in der Erstsprache zu lesen und zu verstehen, muss in der Fremdsprache nicht erst lernen, wie man einen Text liest. Diese Fähigkeit ist vorhanden und kann einfach genutzt werden.

Paul R. Portmann-Tselikas (1998)[42] unterscheidet zusätzlich zwischen sprachlogischer und strategischer Kompetenz. Die sprachlogische Kompetenz erlaubt es dem Menschen, komplexe Gedankengänge und Sachverhalte

---

[41] Jim Cummins, Language, Power and Pedagogy. Bilingual Children in the Crossfire (Clevedon 2000).
[42] Paul R. Portmann-Tselikas, Sprachförderung im Unterricht. Handbuch für den Sach- und Sprachunterricht in mehrsprachigen Klassen (Zürich 1998), S. 50–51.

nachzuvollziehen bzw. kohärent und nachvollziehbar darzulegen. Kinder beginnen den Aufbau von sprachlogischer Kompetenz bereits im Vorschulalter mit dem Verstehen von Geschichten und bauen diese Kompetenz in der Volksschule aus, insbesondere durch den Umgang mit schriftlichkeitsorientierten Texten. Kinder aus bildungsnahen Familien entwickeln die sprachlogische Kompetenz sehr früh mit ihren Eltern durch die vielen Geschichten, die sie erzählt bekommen, durch Gespräche über die Welt, durch differenzierte Antworten auf ihre kindlichen Fragen.

Die strategische Kompetenz umfasst dagegen den bewussten Einsatz von Strategien zum Beispiel beim Schreiben (Mindmap, Entwurf, Überarbeitung usw.), beim Lesen (überfliegen, aufgrund des Titels bestimmte Inhalte erwarten, Textstellen genau lesen usw.). Auch hier können bildungsnahe Eltern ihre Kinder stark unterstützen, zum Beispiel wenn es darum geht, die Hausaufgaben zu erledigen, sich auf eine Prüfung vorzubereiten oder einen Vortrag zu strukturieren.

Die gezielte Förderung der Textkompetenz innerhalb des Deutschunterrichts hat sich erst seit wenigen Jahren in den Sprachlehrmitteln etabliert.[43] Im gängigen Sprachunterricht in der Volksschule hat sich jedoch die gezielte Förderung von sprachlogischen und strategischen Kompetenzen noch wenig durchgesetzt. Im Unterricht werden zum Beispiel Texte gelesen und geschrieben, Dokumentarfilme gezeigt; hingegen sind detaillierte und kontinuierlich aufbauende Anleitungen, wie Texte zu schreiben bzw. zu lesen sind, wie die Inhalte eines Dokumentarfilms notiert werden können, erst selten anzutreffen.[44]

Der Textkompetenz kommt deshalb eine Schlüsselrolle zu, weil sie nicht nur das Verstehen von schriftlich und mündlich vermittelten Unterrichtsstoffen

---

[43] In neueren Sprachlehrmitteln wie z.B. *Sprachfenster* (2001) für die Unterstufe, *Pipapo* (2002) für die Mittelstufe und *Sprachwelt Deutsch* (2004) für die Sekundarstufe I werden sprachlogische und strategische Kompetenzen mittels spezifischer Techniken und Übungen explizit behandelt.

[44] Im Projekt «Sprachprofile» des Erziehungsdepartements Kt. Basel-Stadt wurden erstmals die für den Schulerfolg notwendigen Sprachhandlungen beschrieben. Das Ziel der Sprachförderung ist, dass erstens Sprachförderung in jedem Unterrichtsfach und in jeder Lektion stattfindet, dass zweitens die Sprachförderung stufenübergreifend koordiniert ist und dass drittens im Unterricht bestimmte Sprachförderbereiche für eine bestimmte Zeit gezielt gefördert werden. Vgl. ‹http://www.edubs.ch/die_schulen/schulen_bs/sprachunterricht/sprachprofile.pt›.

ermöglicht, sondern – im weiteren Sinne – auch das Verständnis fördert für die Art und Weise, wie an unseren Schulen Wissen vermittelt wird. Insofern ist Textkompetenz die zentrale Voraussetzung für Schulerfolg.

3.4 Leseverstehen

Der Begriff *Leseverstehen* steht für die Kompetenz des Lesens und Verstehens von geschriebenen Texten und ist somit ein Teilbereich von Textkompetenz. Leseverstehen baut auf verschiedenen Voraussetzungen auf, die im Folgenden unter den Stichworten *Sprachsystem, Weltwissen, Kontext* und *Textsorte* zusammengefasst werden. Wie diese Voraussetzungen im Unterricht verbessert werden können, wird in Kapitel 4 dargestellt.

3.4.1 Sprachsystem

Zum Lesen und Verstehen benötigen die Lesenden grundlegende Kenntnisse der Sprache, in der ein Text verfasst ist. Das heisst, dass sie einen bestimmten allgemeinen Wortschatz besitzen und mit den wichtigsten Gesetzmässigkeiten der Grammatik und des Satzbaus vertraut sein müssen. Wir bezeichnen diese Anforderung vereinfachend als Kenntnis des Sprachsystems. Dabei zählen natürlich vor allem die Kenntnisse der Standardsprache, wie sie unter anderem an der Schule erworben werden. Auch deutschsprachige Lernende, die sich in allen Lebenssituationen hauptsächlich der Mundart bedienen und praktisch nie Texte ausserhalb des Unterrichts lesen, schneiden beim Verstehen von Texten oft überraschend schwach ab.

Oft sind genügende Sprachkenntnisse nicht die einzige Voraussetzung und somit auch keine Garantie für das Verstehen. Zudem zeigt der Fremdsprachenunterricht, dass es bereits mit Anfängerkenntnissen möglich ist, zum Beispiel einer Zeitung Informationen zu entnehmen. Wenn also bei schwachen Lesern und Leserinnen sofort auf mangelhafte Deutschkenntnisse geschlossen wird, so ist dieser Befund ungenau und verdeckt in vielen Fällen die wirklichen Ursachen, zum Beispiel das Fehlen einer strategischen Kompetenz im Umgang mit Texten.

3.4.2 Weltwissen

Sprache ist immer nur in Bezug auf die Welt (im allgemeinen Sinn) verständlich. Ganz offensichtlich wird das bei der Verwendung einer Zeitungsnachricht im Unterricht. Diese stellt nur einen Ausschnitt aus einer kontinuierlichen Berichterstattung dar. Wer sich regelmässig informiert, egal, über welche Kanäle, baut sein Weltwissen kontinuierlich aus und kann den Zeitungsartikel mit grosser Wahrscheinlichkeit einordnen und verstehen. Für diejenigen, welche die Berichterstattung nicht mitverfolgt haben, bleibt der gleiche Artikel unter Umständen unverständlich, auch wenn ihnen kein einziges Wort unbekannt ist. Allgemeiner ausgedrückt heisst das: Das Weltwissen der Lernenden muss genügend Übereinstimmungen mit dem in den Text eingeflossenen Wissen der Autorin/des Autors aufweisen, damit der Inhalt verstanden wird. Ebenfalls entscheidend ist, dass diese Übereinstimmungen von den Lesenden entdeckt werden, weil sie erst dann zum Verstehen beitragen können.

Weltwissen bezeichnet aber nicht nur das, was wir in der Schule oder ausserhalb durch Medien gelernt haben, sondern auch den Anteil, der uns durch eigene Anschauung, persönliches Erleben usw. zugefallen ist. Das Weltwissen unserer Schülerinnen und Schüler unterscheidet sich deshalb von Person zu Person, was für die interkulturelle Klasse einerseits eine Erschwernis, andererseits ein grosser Gewinn sein kann – je nachdem, wie die Unterschiede im Weltwissen berücksichtigt oder genutzt werden.

3.4.3 Kontext

Grundlegende Sprachkenntnisse und das richtige Weltwissen sind Bedingungen, um einen Text im Wortlaut zu verstehen. Nun fehlt noch der Grund, die Motivation zum Lesen. Will die lesende Person eine Information finden, will sie sich spezifische Berufskenntnisse anlesen, will sie sich einfach beim Lesen amüsieren? Eine Motivation kann sich aber erst dann ergeben, wenn sich der Text auf einen Bereich bezieht, der für den Leser wesentlich, interessant oder wenigstens angenehm ist. Durch die Berührung mit den eigenen Interessen erhält der Bericht für die lesende Person Bedeutung, über die blosse Wortbedeutung hinaus. Wir bezeichnen also mit Kontext nicht einfach die «Textwelt», welche die Lesenden mit sich tragen, sondern vielmehr den emotionalen Bezug zwischen Lesenden und Text. Der Kontext kommt dann zum Tragen, wenn die lesende Person feststellt, dass das Thema oder einzelne Inhalte eines Texts mit ihren eigenen Interessen Berührungspunkte aufweisen.

3.4.4 Textsorten

Kommen wir noch einmal zur Zeitungsnachricht zurück. Je nach Länge, Aufmachung und Platzierung wissen geübte Lesende auf den ersten Blick, welche Art von Aussage der Text machen will: über Aktuelles kurz informieren, Hintergründe aufzeigen, einen Kommentar abgeben, das Publikum beraten oder für eine Sache werben usw. Die Textsortenkenntnis erleichtert es ihnen, die Aussage von Anfang an sinnvoll zu interpretieren. Es lässt sich gut beobachten, dass viele Lernende an der Berufsschule solche Kenntnisse nicht besitzen und sehr unsicher sind, wie sie Inhalte in Zeitung und Zeitschriften einordnen sollen. Für sie ist es wesentlich, die Funktionen unterschiedlicher Textsorten zu kennen und jeden Text bewusst einer Textsorte zuzuordnen.

Die Zielgruppe der Berufsschüler und -schülerinnen ist heterogener denn je. Deshalb genügt es nicht mehr, wenn ein Text von der Lehrperson aufgrund des eigenen kulturellen Hintergrundes als verständlich eingestuft wird. Auch beim Lesen von einfachen Texten soll sichergestellt werden, dass die Voraussetzungen zum lesenden Verstehen bestehen oder geschaffen werden. Wie im Fremdsprachenunterricht können auch im allgemeinbildenden bzw. im Fachunterricht gewisse Sachverhalte im Voraus repetiert oder erklärt, sprachliche Barrieren entschärft, der Kontext aufgebaut und allenfalls über die Textsorte nachgedacht werden. Entsprechende Vorschläge sind im Abschnitt 4.3 *Die vier Phasen der Lektüre unter Phase 1 – Vorentlastung* nachzulesen.

3.5 Drei Arten des Lesens

Als freiwillig lesende Textverbraucher wählen wir Texte vor dem Hintergrund der oben beschriebenen Voraussetzungen. Und selbstverständlich gehen wir mit diesen Texten je nach Anspruch, Bedürfnis, Lust und Laune ganz unterschiedlich um. Auch das lässt sich anhand der Zeitungslektüre bestens erläutern. So werfen wir auf viele Artikel einer Tageszeitung bloss einen Blick, um dann gleich zum nächsten überzugehen. Diesen überfliegen wir vielleicht diagonal, eine halbe Zeitungsseite in ein, zwei Minuten. Hingegen können wir einen Beitrag, der sich lang und breit über ein uns vertrautes Thema auslässt, bis zum letzten Wort sorgfältig durchlesen, um uns gleich darauf die interessantesten Stellen noch einmal vorzunehmen. Diese Freiheit im Umgang mit Text geht leseungewohnten Personen ab. Sie sind sich gewohnt, einen Text linear vom Anfang bis zum Schluss und meist in schleppendem Tempo durchzulesen, ähnlich wie das beim althergebrachten Reihumlesen in der Klasse geschieht – einer in der Volksschule immer noch anzutreffenden, allerdings sehr ineffizienten Form des Leseunterrichts.

Wir unterscheiden drei grundlegend unterschiedliche Arten des Lesens und Verstehens: das *gezielte*, das *globale* und das *detaillierte* Leseverstehen.[45] Bei der Arbeit mit Texten sollen die Lernenden stets darüber im Bild sein, welche Art des Lesens in Bezug auf einen Auftrag sinnvoll ist. Der Lesevorgang wird dadurch differenziert und gleicht sich dem natürlichen, intrinsisch motivierten Lesen der kompetent Lesenden an.

3.5.1 Gezieltes Leseverstehen

Das gezielte Leseverstehen erlaubt, in kürzester Zeit bestimmte Informationen aufzufinden. Die lesende Person weiss bereits vor dem Lesen, welche Informationen es zu finden gilt. Auch die Form, in der diese Informationen im Text vorhanden sind, ist der lesenden Person meist bekannt (Stichworte, Überschriften, Eigennamen, Zahlenangaben, wörtliche Zitate, Fremd- bzw. Fachbegriffe usw.). Das bedeutet, dass die Erwartung an den Text genau definiert ist. Gezieltes Leseverstehen wird heute unter anderem beim Surfen im Internet verlangt.

---

[45] Für die Unterscheidung der Arten des Lesens und Verstehens (= Leseverstehen, Abk. LV) werden – in unterschiedlicher Kombination – auch andere Begriffe verwendet: antizipierendes und orientierendes Lesen für die Tätigkeiten vor der Beschäftigung mit dem eigentlichen, fortlaufenden Text; selegierendes bzw. selektives Lesen für gezieltes LV; schnelles Lesen für globales LV; totales Lesen für detailliertes LV. Vgl. Gerard Westhoff, Fertigkeit Lesen (Berlin 1997), S. 100 ff.

3.5.2 Globales Leseverstehen

Das globale Leseverstehen erlaubt, einen inhaltlichen Überblick über grössere Textdokumente zu erhalten. Dabei kann das Tempo variieren vom eiligen und konzentrierten Diagonallesen einer Tageszeitung bis zum linearen, gemächlichen Vor-sich-hin-Lesen. Die zur Verfügung stehende Zeit bestimmt u. a. die geeigneten Lesetechniken für das globale Leseverstehen. Die lesende Person kann am Schluss der Lektüre sagen, worum es im Text im Grossen und Ganzen geht. Auf Detailfragen zum Text können die Lesenden nach einem globalen Lesen aber nicht antworten. In der Berufsschule sind insbesondere Fachartikel, Zeitungsartikel und literarische Texte vorwiegend global zu verstehen.

3.5.3 Detailliertes Leseverstehen

Das detaillierte Leseverstehen erlaubt, Inhalte genau und vollständig zu erfassen. Das Tempo wird hier von den Fortschritten des Verstehensprozesses bestimmt. Einzelne Textstellen werden mehrmals gelesen. Begleitende Handlungen wie Markieren, Notieren oder Zeichnen unterstützen den Prozess. Detailliertes Leseverstehen wird in der Berufsschule vor allem bei Lehrmittelinhalten, Anleitungen, Vorschriften, Gesetzestexten und Mathematikaufgaben verlangt. Gelegentlich macht die detaillierte Lektüre sicher auch bei einzelnen Abschnitten in Fachartikeln und anderen nicht obligatorischen Texten Sinn, doch besteht immer die Gefahr, dass das globale Verstehen und die Lesemotivation durch den Anspruch auf detailliertes und vollständiges Verstehen unnötig in Mitleidenschaft gezogen werden.

Die drei Arten des Lesens stellen lesetechnisch (und somit auch kognitiv) völlig unterschiedliche Tätigkeiten dar. Aus «Lesen» wird hier «Suchen», «Überfliegen», «zügiges Durchlesen», «wiederholtes Lesen», «Untersuchen» usw., ausgelöst durch die Anforderung der praktischen Situation, in der sich Lesende befinden, oder aber angeleitet im Rahmen des schulischen Auftrags, den sie mit dem Text auszuführen haben. Das bedeutet für den Unterricht, dass jeder Leseauftrag deutliche Hinweise darauf enthalten muss, welche Art des Lesens sich eignet. Es bedeutet aber auch, dass die Lehrperson und – schwieriger noch zu erreichen – die Lernenden vom indifferenten, meist unbewussten Anspruch des Immer-alles-verstehen-Müssens Abstand nehmen.

Welche Art des Lesens angebracht ist, hängt wesentlich vom anvisierten Ziel ab. Wenn es darum geht, aus einem Zeitungskommentar zu den bevorstehenden Wahlen drei Argumente für eine Diskussion herauszuziehen, dann ist es für diese Diskussion kontraproduktiv, wenn zuerst jedes unbekannte Wort im Text erklärt wird. Hier ist globales Leseverstehen am Platz. Hingegen ist es für die Lernenden hilfreich, bei einer komplex umschriebenen Rechenaufgabe die Zahlwörter, Konjunktionen und all die übrigen unscheinbaren Partikelwörter detailliert zu studieren und das Wörterbuch auch einmal im Fachrechnen einzusetzen, um nicht chronisch am unpräzisen Textverständnis zu scheitern.

3.6 Die Top-down-Inhaltserfassung

In der Praxis nehmen wir einen Text meistens deshalb zur Hand, weil wir bestimmte Erwartungen in ihn setzen. Diese Erwartungen werden ausgelöst zum Beispiel durch die Aufmachung, durch den Titel, durch Abbildungen. Bei einem Roman können Erwartungen dadurch gegeben sein, dass man ihn uns empfohlen hat, dass er besprochen wurde, dass wir die Autorin am Fernsehen gesehen haben. Bei einer bestimmten Zeitung wissen wir zum Beispiel, dass sich im dritten Bund hinten der Veranstaltungskalender befindet, aus dem wir eine Information benötigen. Auf jeden Fall haben wir eine Vorstellung bezüglich des Texts, ohne die wir diesen Text nicht lesen würden. Unsere Erwartungen bestimmen unsere ersten Handlungen mit dem Text: den Klappentext einer Erzählung überfliegen, eine Zeitungsnachricht anhand des Titels finden, den Vorspann (oder das Lead) eines Berichts durchlesen, die Abbildungen zu einem Fachbuchartikel studieren. Dann erst entscheiden wir uns für die punktuelle, teilweise oder vollständige Lektüre, für einen bestimmten Weg zu den Inhalten.

Beim Lesen in der Schule sieht die Ausgangslage meistens anders aus. Die Schülerinnen und Schüler wählen den zu lesenden Text nicht selbst aus, müssen ihn also auch nicht anhand seiner Aufmachung einschätzen oder über das Inhaltsverzeichnis prüfen. Sie bekommen eine Fotokopie eines Textes – oft ohne Quellenangaben – oder lesen einen Text im Lehrmittel, nachdem sie die Seitenzahlen von der Lehrperson erfahren haben.

Bezeichnend für das Leseverhalten von leseschwachen Lernenden ist, dass sie in der Regel zu lesen beginnen, sobald der Text vorliegt. Sie haben keine Erwartungen an den Text und nehmen sich zum Beispiel auch nicht die Zeit, zu überlegen, um welche Textsorte es sich handelt, wie sie also vernünftigerweise vorgehen könnten. Lesen heisst für sie, einen Text von links oben nach rechts unten durchzugehen, Punkt. Sie bleiben passiv, lesen sich durch die Details, ohne diese in einen Zusammenhang zu bringen. Sie lesen ohne Erwartung, ohne Ziel und ohne Konzept und produzieren entsprechend auch keine Reaktionen auf den Text, ausser Kopfschmerzen und Schläfrigkeit.

Der zuerst beschriebene natürliche, «alltagstaugliche» Verlauf der Inhaltserfassung, der Weg von der Erwartung bzw. Hypothese zur aktiven Auseinandersetzung, von der äusseren Aufmachung eines Textes zu seinem Inhalt wird als «Top-down-Lesen» bezeichnet.[46] Leseförderung im Unterricht gestaltet sich idealerweise so, dass die Leseaufträge diesen natürlichen Umgang mit dem Text anleiten. Die Lernenden sollen eine überlegte, schrittweise Annäherung an die Inhalte einüben. Folgende Darstellung zeigt die Stationen einer idealen Top-down-Lektüre.

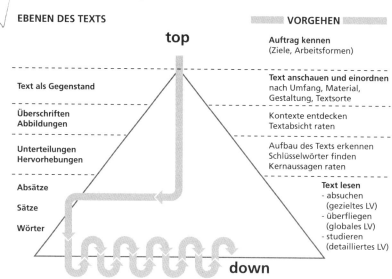

[46] Der gegensätzliche Verlauf vom Detail zum Gesamten wird mit «bottom-up» bezeichnet. Dabei erfassen die Lesenden die Einzelheiten der Reihe nach, ohne ihre Bedeutung im Verhältnis zum Gesamttext zu kennen. Ein inhaltliches Konzept entwickelt sich während des Lesens nur, wenn geeignete Lesetechniken und -strategien eingesetzt werden. Bottom-up-Lesen stellt deshalb hohe Ansprüche an die Lesekompetenz. Vgl. auch Francine Cicurel, Lectures interactives en langue étrangère (Paris 1991), S. 12 ff.

«Top-down-Lesen» hat zur Voraussetzung, dass die Lesenden ihre Ressourcen aktiv einsetzen. In der Phase der Vorentlastung helfen die Aufträge den Lernenden deshalb, sich im Text zu orientieren, Hypothesen zum Textinhalt aufzubauen, Kontexte zu erkennen, das eigene Weltwissen einzubringen, durch die Beachtung von Bildmaterial und typografischen Hervorhebungen übergeordnete Zusammenhänge zu sehen und Ähnliches mehr. Die Leserinnen und Leser aktivieren also ihr Vorwissen und schaffen dadurch die Voraussetzung, welche auch die konstruktivistische Lerntheorie als Basis für das Verstehen beschreibt. Sie bilden sich eine Vorstellung bezüglich des Inhalts, die beim nachfolgenden Lesen das Verstehen leitet und unterstützt. Wenn Lernende die Abfolge der Phasen der Lektüre im Unterricht – angeleitet durch die Aufträge der Didaktisierungen – mehrmals durchgespielt haben, verinnerlichen sie die Top-down-Stratgie und können diese zunehmend selbstständig anwenden.

In einer Textdidaktisierung sollen die Lesenden durch Lese- und Handlungsaufträge «top-down» zum Text hingeführt und durch ihn hindurchgeführt werden, vom Generellen zu den Details. Langsam Lesende werden aus Zeitgründen nicht jeden Abschnitt gründlich lesen bzw. nicht alle Details erfassen können, aber sie können anhand der ersten Hälfte der Aufträge die Kernidee, die globale Aussage und die wesentlichen Inhalte selbstständig erarbeiten. Zusammen mit der Progression der Schwierigkeit erlaubt die Top-down-Strategie somit eine Binnendifferenzierung im Unterricht: Jeder Lernende arbeitet mit demselben Text, versteht die gleichen zentralen Inhalte, kann aber in seinem eigenen Arbeitstempo vorgehen und dringt bis zu solchen Aufgabenstellungen vor, die ihn angemessen herausfordern und dabei fördern[47] (vgl. dazu das Beispiel einer Textdidaktisierung in Kap. 6).

---

[47] Die Top-down-Arbeitsweise ist ein generelles Prinzip des Verstehens und muss auch berücksichtigt werden, wenn Texte nicht gemeinsam gelesen werden, zum Beispiel beim Gruppenpuzzle, bei dem die Lernenden in Expertengruppen unterschiedliche Texte erarbeiten und sich dann die Inhalte in Austauschgruppen gegenseitig vorstellen. Der Aufbau einer Erwartungshaltung vor dem Lesen und die Herangehensweise vom Generellen zu den Details sind auch hier wichtige didaktische Strategien.

4   Didaktisieren von Texten

Didaktisieren heisst Lerninhalte für den Unterricht aufbereiten. Didaktisieren ist also ein Vorgang, den jede Lehrperson laufend ausübt. Im Sinne eines handlungsorientierten Unterrichts sollte eine Didaktisierung vor allem zu Lernhandlungen anleiten. Bezogen auf den Einsatz von Lesetexten sollte eine Didaktisierung demzufolge zu sprachlichen Handlungen anleiten, die es der lesenden Person erlauben, den Inhalt des Textes zu erfassen.

An Berufsschulen (und nicht nur dort) sieht eine Didaktisierung beim Einsatz von Texten oft folgendermassen aus: Die Lehrperson sucht bzw. bestimmt einen Text, formuliert Fragen, die sich auf einzelne Textaussagen oder Teilinformationen beziehen, teilt zuerst den Text aus, später die Liste der Fragen. Das Unterrichtsziel ist, den Inhalt des Texts zu vermitteln, und die Fragen sollen dafür sorgen, dass dieser Inhalt auch wirklich erfasst wird. Nun leiten aber Fragen bei Lesenden mit kleiner Textkompetenz nicht zu den Handlungen an, die die Lehrperson beabsichtigt. Folgende Gründe tragen zum ungenügenden Ergebnis bei:

- Fragen leiten eigentlich nur zu einer Handlung an, nämlich zum Antwortengeben oder Antwortensuchen. Welche Lesestrategie – oder Lese--Vermeidungsstrategie – die Lernenden zur Bewältigung der gestellten Aufgabe entwickeln, bleibt dem Zufall überlassen. Tatsache ist, dass durch Fragen zum Text keine Lesekompetenz gefördert, sondern lediglich das Leseverstehen überprüft wird.
- Die sprachlichen Handlungen, die durch Fragen ausgelöst werden, lassen sich rückblickend – anhand der Antworten – nicht erkennen, kommentieren oder korrigieren. Die Beschaffenheit der vorhandenen Lesekompetenzen wie auch der Kompetenzdefizite bleibt im Dunkeln.
- Fragen berücksichtigen das spezifische Weltwissen der Lernenden oft zu wenig und setzen Lese- und Arbeitstechniken voraus, über welche die Lernenden ungenügend oder auf zu wenig autonome Weise verfügen.

- Fragen werden als Motivationsfaktor überschätzt. Die Fragen sind zwar – von der wissenden Warte der Lehrperson aus gesehen – auf die interessanten und wichtigen Inhalte ausgerichtet, aber sie berücksichtigen die Perspektive der Lernenden zu wenig. Diese würden andere Fragen formulieren. Deshalb ist eine der bekannten, motivierenden Aufgabenformen im Leseunterricht, die Lesenden eigene Fragen an den Text formulieren zu lassen.

Zusammenfassend kann das Problem auch so formuliert werden: Mit Fragen können Leseleistungen überprüft, aber keine Lesehandlungen angeleitet werden. Der Vorgang des Lesens und Verstehens bleibt unbegleitet und erhält durch Fragen keine didaktische Unterstützung.

Im Rahmen des LSB-2-Projekts *Deutschförderung in der Lehre* verstehen wir unter *Didaktisieren von Texten* die Tätigkeit der Lehrperson, Texte mit Anweisungen zu versehen, die von den Lernenden eine bestimmte sprachliche Handlung verlangen. Die Lernenden sollen durch die Arbeit mit Texten nicht nur das inhaltliche Lernziel erreichen, d. h. den Textinhalt verstehen, sondern auch das Prozessziel «Lesetechniken kennenlernen und einüben» erfüllen.

Die aus dem LSB-2-Projekt *Deutschförderung in der Lehre* entwickelten Weiterbildungen verfolgen einerseits das inhaltliche Ziel, den Lehrpersonen die Grundlagen des Leseverstehens zu vermitteln und den Ansatz eines handlungsorientierten Unterrichts anhand von Lesetexten zu diskutieren. Andererseits didaktisieren die Lehrpersonen im Sinne eines Prozessziels einen Text aus ihrem Unterricht so, dass alle Leseaufträge schriftlich vorliegen und die Berufslernenden damit selbstständig während einer Lektion arbeiten können (eine exemplarische Textdidaktisierung befindet sich in Kapitel 6).

Das Ziel beim Didaktisieren umfangreicher Texte ist nicht, dass nun alle Lesetexte in dieser Form aufbereitet werden sollen. Mit der Erarbeitung einer «schriftlichen Lektion» können aber folgende Ziele erreicht werden:

- Die Lehrpersonen formulieren zu einem Lesetext aus ihrem Unterricht Leseaufträge und vermeiden Fragen.
- Sie setzen ihre Didaktisierung im Unterricht ein und erfahren, wie wichtig präzis formulierte Aufträge für effiziente Lerntätigkeiten sind.
- Sie lernen eine Palette von Leseaufträgen kennen, die sie später auch einzeln, spontan auf den Verlauf des Unterrichts reagierend erteilen können.

Im Folgenden werden die zentralen Aspekte und Instrumente der Didaktisierungsarbeit dargelegt.

4.1 Zur Auswahl der Lesetexte

Prinzipiell kann jeder Text, der zum lehrplanmässigen Unterrichtsinhalt passt, als Ausgangstext für eine Didaktisierung verwendet werden. Umgekehrt ist wahrscheinlich kaum ein Text ideal in dem Sinn, dass er allen Ansprüchen des Unterrichts bzw. der spezifischen Klasse gerecht wird. Folgende Kriterien können bei der Textauswahl für eine Didaktisierung berücksichtigt werden:

4.1.1 Curriculum

Mit Vorteil werden Texte gewählt, die sich thematisch ins Curriculum der Berufsausbildung einreihen. Wenn der Inhalt für das Lernziel relevant ist, ist die Bereitschaft zur Beschäftigung mit dem Text auch bei jenen Lernenden vorhanden, die ein Lesetraining als solches ablehnen würden. Aber auch für den Unterricht bzw. die Lehrperson sind die Vorteile offensichtlich: Durch die Arbeit mit didaktisierten Texten können Leseförderung und Stoffvermittlung gleichzeitig erfolgen, was die zeitlichen Ressourcen des Berufsschulunterrichts schont. Das Unterrichten durch Textdidaktisierung wird zu einer mit anderen Unterrichtsformen gleichgestellten Methode.

4.1.2 Aktuelle Themen

Um die Jugendlichen als motivierte Lesende zu gewinnen, setzen viele Lehrpersonen gerade im allgemeinbildenden Unterricht auf «heisse Themen», also auf Texte, die aktuelle Probleme der Jugendlichen aufgreifen. Für den Erwerb von Lesetechniken sind die «heissen Themen» nicht unbedingt die besten, weil das Mitteilungsbedürfnis der Jugendlichen hier oft grösser ist als die Neugier auf Textinhalte zum Thema. So entsteht die Gefahr, dass Emotionen den Lesenden den Blick auf den Text verstellen. Im Gegensatz dazu berichten Lehrpersonen der Berufsschulen darüber, dass ihre Klassen sehr motiviert didaktisierte Texte über Themen lesen, die ihnen völlig fremd erscheinen müssen. So zum Beispiel, wenn sie sich in einen anspruchsvoll geschriebenen Artikel über den *Salzmarkt in Timbuktu*[48] vertiefen. Hier wird offensichtlich, dass gute Aufträge die Lernenden zur engagierten Auseinandersetzung mit neuen Themen motivieren können.

4.1.3 Lehrmittel

Wie bereits in Kapitel 2.2 betont wurde, enthalten viele Lehrmittel schwierige und zum Teil gar unverständliche Texte. Oft kann die Lehrperson das Lehrmittel entweder nicht selbst auswählen, oder es stehen keine Alternativen zur Verfügung. Gerade bei schwer verständlichen Lehrmitteltexten lohnt es sich, den einen oder anderen Text mit (zusätzlichen) Aufgabenstellungen zu didaktisieren, sodass die Berufslernenden die Fachinhalte lesend erarbeiten können. Für den Lernerfolg ist schliesslich weniger die Textqualität verantwortlich als die Qualität der Aufträge. Es darf aber nicht verschwiegen werden, dass es eine anspruchsvolle Arbeit ist, die Mängel eines schwachen Texts durch gute Aufträge auszugleichen. Für die Didaktisierung von Lehrmitteltexten sprechen, abgesehen von der impliziten Leseförderung, auch folgende Vorteile:

- Aufträge lenken die Aufmerksamkeit der Lesenden in die gewünschte Richtung und unterstützen einzelne Etappen auf dem Weg zum Verstehen.
- Fehlende Informationen können ergänzt werden, indem die Lehrperson vorentlastende Informationen abgibt oder weitere, ergänzende Texte vorlegt.
- Mangelhafte oder falsche Darstellungen können von der Didaktisierung übergangen oder durch eigene Abschnitte bzw. Abbildungen ersetzt werden.

---

[48] Beim erwähnten Artikel handelt es sich um einen Text aus der NZZ-Monatsbeilage *Folio*. Zwei grössere Abschnitte davon dienten in didaktisierter Form der Einführung in das Thema Wirtschaft und fügten sich somit ins Curriculum ein.

- Durch die Auswahl und Beschränkung der zu lesenden Abschnitte kann die Arbeit mit dem Text dem Niveau der Lernenden angenähert werden. Das Weglassen von Details erfordert von der Lehrperson eine Gewichtung der Fachinhalte. Vor allem leseungewohnte Berufslernende sollen sich auf die zentralen Inhalte konzentrieren können.

Alle diese Vorteile führen dazu, dass die Fachinhalte vertiefter und nachhaltiger verstanden werden. Die Quote des Verstandenen und des Behaltenen kann dank einer geeigneten Didaktisierung trotz Einschränkung des zu lesenden Textumfangs höher ausfallen, als das bei einer vollumfassenden, aber mündlichen Erläuterung des gleichen Stoffs eintrifft.

4.1.4 Textqualität

Für die Beurteilung von Textqualität stehen linguistische Analyseinstrumente[49] zur Verfügung. Jedoch ist bei der Textauswahl bzw. der Einschätzung der Eignung eines Texts für die Berufslernenden weniger ein abschliessendes, wissenschaftlich gestütztes Urteil gefragt als die schnelle Einschätzung mithilfe einfacher Regeln. Hier wollen wir vier Fragen formulieren, die man an den Text stellen kann, um seine Qualität einzuschätzen.

Frage 1: Ist der Text verständlich geschrieben?
Zur Verständlichkeit gehört ein linearer Satzbau. Gemeint ist damit die Vermeidung von unnötigen Nebensätzen auf mehreren Ebenen ebenso wie die Vermeidung von Hauptsätzen, die überlange Satzklammern aufweisen (Partizipialattribute, Einschübe, Klammerbemerkungen usw.). Ein starker Gebrauch von umgangssprachlichen Wendungen und Redensarten macht einen Text für Lesende mit fremder Muttersprache schwer verständlich. Ebenso können Fremdwörter da zur ärgerlichen Sprachbarriere werden, wo sie nicht zum thematisch bedingten Fachwortschatz gehören.

---

[49] Vgl. Cornelia Hanser/Markus Nussbaumer/Peter Sieber, Das Zürcher Textanalyseraster, in: Peter Sieber (Hrsg.), Sprachfähigkeiten – Besser als ihr Ruf und nötiger denn je! (Aarau 1994).

Frage 2: Ist der Text vollständig?
Ein Text muss einen Sachverhalt so vollständig darstellen, dass er von den Lesenden auf der Grundlage ihres bestehenden Weltwissens verstanden wird. Die Vorentlastung kann einzelne fehlende Informationen beisteuern, um das Kontextwissen zum Text zu vervollständigen. Wenn aber die Vorentlastung ausgedehntes Grundlagenwissen liefern muss, um das Verstehen zu ermöglichen, dann eignet sich der Text nicht wirklich als Grundlage für eine Lektion. In diesem Falle kann der Text zu einem späteren Zeitpunkt eingesetzt werden, wenn nämlich das Grundlagenwissen aufgebaut wurde, oder es muss ein anderer Text gesucht bzw. ein neuer selbst verfasst werden. Die Erfahrung zeigt, dass die Frage nach der Vollständigkeit nicht nur zum Beispiel bei der Arbeit mit journalistischen Texten, sondern auch bei der Verwendung von Lehrbüchern mit vermeintlich systematischem Aufbau von Sachwissen notwendig ist.

Frage 3: Ist der Text klar strukturiert?
Abschnitte und Absätze unterteilen den Text in über- und untergeordnete Sinneinheiten. Zwischentitel und andere Hervorhebungen lenken die Aufmerksamkeit der Lesenden zusätzlich auf die inhaltliche Struktur. Ein sichtbar strukturierter Text ist für die ungeübten Lesenden wesentlich einfacher zu verarbeiten als ein Text ohne gestaltetes Layout. Elemente wie Abbildungen oder in Kästchen gesetzte Begriffserklärungen helfen, den Lesevorgang zu strukturieren. Bei grafisch wenig gegliederten Texten lohnt sich unter Umständen eine Umgestaltung des Textes.

Schwieriger wird es bei Texten, die inhaltlich keine klare Gliederung aufweisen. Dort müssen mit guten Aufträgen klare inhaltliche Schwerpunkte gesetzt werden, welche die Aufmerksamkeit der Lesenden auf die wesentlichen Teilaspekte bündeln.

Frage 4: Zeigt der Text die Zusammenhänge auf?
Fachlehrmittel bestehen oft aus einer Reihung von Fakten und Definitionen, sodass sie den Charakter von Nachschlagewerken erhalten. Die Lehrmittelinhalte sehen auf den ersten Blick gut strukturiert aus, weisen meistens viele Abbildungen und Hervorhebungen auf, verzichten aber auf einführende, begleitende, gewichtende Texte. Die kurzen Absätze sind in ihrer Beziehung zueinander nicht bestimmt und richten sich oft innerhalb eines gleichen

Abschnittes an unterschiedliche Zielgruppen.[50] Die Lehrpersonen sind gezwungen, diese Lehrmittel entsprechend zu benutzen: Absatzweise wird bestimmt, was zu lesen und zu lernen ist. Die Lernenden werden auf diese Weise nicht kompetent im selbstständigen Umgang mit ihrem Fachlehrbuch.

Jeder Text, der nicht nur Einzelfakten aufzählt, sondern Bezüge aufzeigen und die praktische Relevanz seiner Inhalte für die Lernenden deutlich machen kann, ist als wertvolle Ergänzung oder auch Alternative zu diesen Lehrmitteltexten anzusehen. Auch die Didaktisierung kann helfen: Gute Aufträge können Zusammenhänge darstellen und herstellen.

4.2 Konzept für die Didaktisierung

Die Erstellung einer Textdidaktisierung stützt sich vorzugsweise auf ein vorgängig festgelegtes Konzept. Dazu gehören die Textwahl, die Bestimmung des Textumfangs, des inhaltlichen Lernziels, die Abfolge der zu lesenden Textausschnitte (vgl. Top-down-Strategie). Danach können die einzelnen Leseaufträge formuliert werden. Einzelne Punkte des Konzepts sollen hier eingehender erläutert werden.

- Für die Textwahl bieten sich Texte aus dem eigenen Unterricht an, die nicht problemlos verstanden werden. Sollte ein Text für die Zielgruppe äusserst anspruchsvoll sein, steigt allerdings der Aufwand beim Didaktisieren erheblich (vgl. dazu auch Kap. 4.1).
- Der Umfang des Texts für eine Lektion kann stark variieren, je nach Arten des Lesens, die verlangt werden. Vom inhaltlichen Umfang her gilt die Faustregel, dass etwa gleich viel neuer Stoff in eine schriftliche Didaktisierung eingebracht werden kann wie in eine andere, nicht textorientierte Lektion. Die Begrenzung auf die Zeitdauer einer Lektion trägt der begrenzten Belastbarkeit leseschwacher Berufslernender Rechnung.

---

[50] Viele Lehrmittel stellen sowohl Grundlagenwissen für Lehrlinge wie auch recht spezielles Wissen für Fachleute nebeneinander dar. Die Abfolge der Informationen entspricht allenfalls einer sachlichen Logik, bietet aber den Lernenden keine Anleitung zum Erarbeiten eines zusammenhängenden Wissens.

- Wie wir in der Folge zeigen werden, läuft das Verstehen in Phasen ab. Die Strukturierung der Lektüre nach diesen Phasen unterstützt den Prozess des Verstehens wesentlich. Die Abfolge der ersten beiden Phasen – Vorentlastung und Inhaltserfassung – soll im Konzept konsequent eingeplant werden. Sie kann sich, auf verschiedene Textabschnitte bezogen, auch mehrfach wiederholen.

4.3 Die vier Phasen der Lektüre

Verstehen ist ein Prozess, der schrittweise erfolgt. Durch Aufträge können die einzelnen Schritte angeleitet werden. Wie viele und welche Schritte zum Ziel führen, hängt sowohl vom Text wie auch von der Zielsetzung ab. Im Prinzip unterscheiden wir für die Arbeit mit Texten – oder mit einzelnen Textabschnitten – vier Phasen:

Phase 1 – **Vorentlastung** (= Phase vor dem Lesen),
Phase 2 – **Inhaltserfassung** (= Phase während des Lesens),
Phase 3 – **Reflexion** (= Phase nach dem (ersten) Lesen),
Phase 4 – **Inhaltserweiterung** (= Phase nach der Arbeit mit dem Text).

Während die traditionelle Deutschdidaktik für Muttersprachige nach Abschluss des eigentlichen Erstleseunterrichts, also etwa ab der dritten Klasse der Grundstufe, vor allem für die Reflexion und Inhaltserweiterung (Phase 3 und 4) viele Aufgabenformen kennt, werden die Phasen 1 und 2 tendenziell vernachlässigt. Dadurch entstehen, vor allem bei Schülerinnen und Schülern mit Migrationshintergrund, bereits in der Volksschule bestimmte Kompetenzlücken im Leseverstehen, die sich auch in der Berufsausbildung negativ auswirken. Bei der Förderung des Leseverstehens für Berufslernende legen wir das Hauptgewicht auf die Phasen 1 und 2, um bei den Lernenden einerseits das Fundament für die weiterführenden Lektürephasen herzustellen und um andererseits die fehlenden Kompetenzen aufzubauen. In der folgenden Darstellung der vier Phasen werden deshalb die ersten beiden Phasen detaillierter behandelt als die Phasen 3 und 4.

4.3.1 Phase 1 – Vorentlastung

Die Lehrperson weiss viel über einen Text, viel mehr, als sie selbst wahrnimmt. Nun denken wir unwillkürlich an die im Unterricht behandelten Sachfragen oder, mit anderen Worten, an den Stoff, der vermittelt werden soll. Das ist der offensichtliche Teil dieses Wissensvorsprungs gegenüber den Lernenden. Ein weniger offensichtliches Mehr an Wissen besteht aber im ganzen Umfeld der Sachfragen, im Kontext. Das sind die Zusammenhänge zwischen den einzelnen Fakten und Wissensgebieten, der Bezug zur Praxis, die lange, individuelle Erfahrung mit der Materie. Das ist auch die sprachliche Kompetenz, die Dinge zu benennen, und somit die Fähigkeit, auf der Grundlage der fachsprachlichen Begrifflichkeit die einzelnen Fakten systematisch zu einem zusammenhängenden Sachwissen zu ordnen. Somit laufen Lehrpersonen stets Gefahr, kontextuelles Wissen als selbstverständlich vorauszusetzen, während es bei den Lernenden noch nicht vorhanden ist.

Als erster Schritt bei der Didaktisierung gilt es deshalb einzuschätzen, welche Vorkenntnisse, Erfahrungen, Vorstellungen und Einstellungen die Lernenden zu dem behandelten Stoff bereits haben – nicht haben müssten, sondern tatsächlich haben. Dann sollten zweitens Massnahmen ergriffen werden, um die Voraussetzungen für die Arbeit mit dem Text, wie sie in Kapitel 3.4 «Leseverstehen» beschrieben werden, für alle herzustellen. In den folgenden Abschnitten wird gezeigt, wie diese Voraussetzungen durch die Didaktisierung erbracht werden können.

Thematische Vorentlastung
Die Lerninhalte in den Berufsschulen haben meistens einen mehr oder weniger direkten Bezug zur Lebenssituation oder zur Berufstätigkeit der Lernenden. Solche Bezüge sollen in der Vorentlastung offen gelegt werden. Auch die richtige Einordnung eines Themas im bereits erworbenen Schul- und Berufswissen ist für die Lernenden nicht immer so selbstverständlich, wie dies die Lehrpersonen erwarten. In den Weiterbildungen wurden deshalb die Kriterien für eine Vorentlastung in Form von Anweisungen formuliert:
- Erteilen Sie Aufträge, mit denen die Lernenden ihr Vorwissen bzw. die eigenen Erfahrungen zum Thema darlegen müssen. Vermeiden Sie dabei, Fragen zu stellen, die den Charakter einer Wissensüberprüfung haben. Die Lösungen können individuell verschieden ausfallen.

- Vergrössern Sie das themen- bzw. sachbezogene Vorwissen der Lernenden, indem Sie ihnen zum Beispiel einen einfachen, einführenden Text vorlegen, der das zentrale Thema umreisst und gleichzeitig eine Brücke zu ihrem Weltwissen herstellt. Visualisieren Sie Zusammenhänge (Abbildung, Skizze usw.).

Sachbezogene Vorentlastung
Ein Fachtext steht in einem Sachzusammenhang, auf dem die Bedeutung des Texts aufbaut. Ohne diese Grundlagen zu kennen, können die Lernenden das Dargestellte nicht einordnen und vergessen es leicht wieder.
- Repetieren Sie kurz die erarbeiteten Grundlagen. Diese Repetition wird nicht als Überprüfung, sondern als Erinnerungshilfe gestaltet. Visualisieren Sie bestehendes Vorwissen.

Nicht alle Lehrmittel schaffen es durchgehend, die zentralen Sachverhalte genügend zu erklären. Auch hier können die Voraussetzungen für das Leseverstehen bereits in der Vorentlastung verbessert werden.
- Formulieren Sie in wenigen Zeilen das zentrale Problem oder platzieren Sie eine vereinfachte Erklärung vor dem betreffenden Abschnitt. So wird das Verstehen eines wichtigen Schlüsselelements vorbereitet und das Interesse am Gegenstand aufgebaut.

Vorentlastung bezüglich der Textsorte
Jede lesegewohnte Person liest den Wirtschaftsteil der Tageszeitung mit einer anderen Haltung als die Lifestyle-Seiten, den Feierabendkrimi mit anderer Zielsetzung als ein Staatskundebuch. Jeder Text wird in einer bestimmten Absicht geschrieben, die im Normalfall mit der verwendeten Textsorte korrespondiert. Wer einen Text der entsprechenden Textsorte zuordnen kann, kann auch vernünftige Hypothesen darüber bilden, was die Absicht des Texts sein könnte. Erst mit diesem Vorverständnis wird es möglich, auf den Text angemessen zu reagieren, das heisst sinnvolle Lesetechniken einzusetzen.
- Lassen Sie den Text bezüglich seiner Erscheinung beschreiben und – falls den Lernenden die entsprechenden Begriffe bereits bekannt sind – einer Textsorte zuteilen. Zur Erscheinung zählen wir hier den Ort, an dem der Text steht, das bedruckte Material, das Layout, Verfassende, Herausgebende und Verteilende (soweit angegeben), alle Hervorhebungen, die Abbildungen usw.

- Lassen Sie die Lernenden aufgrund der Erscheinung des Texts und des Titels raten, was Thema, Hauptaussage und Absicht des Texts sind. Diese Hypothesenbildung ist wichtig für die Wahl der Lesetechniken und kann grundlegend zum Verstehen des Inhalts beitragen.

Lexikalische Vorentlastung
Zu oft wird Nichtverstehen auf mangelnde Wortkenntnisse zurückgeführt. Ein Textabschnitt, der im Grossen und Ganzen verstanden werden soll, darf aber ohne Weiteres unbekannte Ausdrücke enthalten. Detaillierte Erklärungen zu all diesen Ausdrücken unterstützen das globale Verstehen nicht unbedingt, steigern aber den Aufwand erheblich und belasten dadurch die Lesemotivation. Hingegen ist bei Textabschnitten, die im Detail – genau und vollständig – verstanden werden sollen, die genaue Bedeutung bestimmter Wörter, Wendungen, Fachbegriffe usw. wesentlich. Auch in diesem Fall sollte die Zahl der Begriffe, die vor dem Lesen geklärt werden, überschaubar bleiben und auf zentrale Ausdrücke beschränkt werden:
- Stellen Sie Erklärungen für die Schlüsselbegriffe bereit oder lassen Sie die Lernenden die vorgegebenen Schlüsselbegriffe nachschlagen. Schlüsselbegriffe sind Wörter oder Redewendungen, die ausschlaggebend für das Verstehen des Inhalts sind.[51] Die Klärung von Schlüsselbegriffen kann mit einer thematischen Vorentlastung unterstützt werden.
- Lassen Sie die Lernenden die möglichen Bedeutungen eines Ausdrucks eingrenzen bzw. erarbeiten. Verschiedene Aufgabenformen bieten sich an: Aufstellen eines Assoziogramms (Wortigel), Zuordnung von Wörtern zu zwei, drei verschiedenen Oberbegriffen, Auswählen einer passenden Umschreibung im Multiple-Choice-Verfahren u. a. m.

4.3.2 Phase 2 – Inhaltserfassung

Der Abschnitt Inhaltserfassung befasst sich mit der Phase, während der die Lesenden einem Text Informationen entnehmen. Hier hat die Didaktisierung das Ziel, Lesen und Verstehen über präzis formulierte, klar textbezogene

---

[51] Dass man in einem Text nicht alle Wörter verstehen muss, um den Inhalt im Grossen und Ganzen zu verstehen, beweist das «Totenmüggerli» von Franz Hohler. Die Geschichte ist verständlich, obwohl 75 Prozent der Wörter erfunden sind.

Arbeitsaufträge anzuleiten und den Lernenden als strukturierten Prozess zugänglich zu machen. Einerseits sollen sie die Inhalte des Texts besser verstehen, andererseits sollen sie wahrnehmen, wie sie durch verschiedene, zielgerichtete Aktivitäten zu diesem besseren Verstehen kommen. Mit der Zeit, nach vielfacher Wiederholung, werden sich einige typische Aktivitäten als eigentliche Lesetechniken automatisieren, sodass Schülerinnen und Schüler schliesslich zu selbstständigen Lesenden werden.

Strukturieren des Lesevorgangs
Es gibt Situationen, in denen es vorteilhaft ist, einen Text in einem Zug durchzulesen. Eine spannende, ereignisreiche Geschichte bietet sich dafür an, weil das schnelle Voranschreiten der Handlung genau jenes Vergnügen bereitet, das wir beim Lesen einer Geschichte suchen. Niemand wird sich daran stören, wenn wir uns nach der Lektüre nicht an alle Details erinnern können. Das lineare, schnelle Durchlesen eignet sich auch, wenn es darum geht, den roten Faden in einem anspruchsvollen Text wahrzunehmen. Als Lesende können wir uns so ein Bild darüber machen, worauf der Text abzielt, wir erkennen gewisse Zusammenhänge, noch bevor wir uns mit den inhaltlichen Details beschäftigen.

Bei Texten mit schulischem Lerninhalt genügt es meistens nicht, so ungefähr zu wissen, was im Text steht. Hier streben wir eine gründlichere Lektüre an. Dazu werden wir uns mit bestimmten Textstellen mehrfach beschäftigen, zum Beispiel bestimmte Stellen wiederholt lesen, mit Abbildungen und Zusatzinformationen überprüfen, ob wir richtig verstehen, uns überlegen, wie weit sich das Neue mit unserem Vorwissen vereinbaren und verbinden lässt. Vielleicht werden wir Schlüsselinformationen markieren oder Kästchen um Stichworte herum zeichnen, die wir mit Linien verbinden und mit eigenen Symbolen kommentieren. Wir unterbrechen also den Vorgang der linearen Texterfassung immer wieder mit Aktionen, die auf ebendiesen Lesetechniken beruhen, die uns zu kompetenten Leserinnen und Lesern machen. Es sind diese Kompetenzen, die wir an die Lernenden weitergeben wollen:

- Lassen Sie die Lernenden erst dann grössere Textauszüge in einem Zug durchlesen, wenn ihnen ein zielgerichteter, begründeter Auftrag zum globalen Leseverstehen vorliegt. Berücksichtigen Sie, dass Aufgaben zum gezielten Leseverstehen im Allgemeinen einfacher sind, um in einen Text einzusteigen, als jene zum globalen Leseverstehen.

- Unterbrechen Sie – vor allem zu Beginn der Arbeit – den Lesevorgang immer wieder durch Aufträge, die das Lesen des nächsten Absatzes bzw. Abschnitts anleiten. Die Aufträge können zum Beispiel Lesetechniken vorgeben, Leseziele nennen, Notizen zu Einzelheiten verlangen und andere Sprachhandlungen anleiten. Gestalten Sie die Aufträge so, dass Sie das Verstehen des Texts stets unterstützen und helfen, die zentralen Inhalte zu sichern und zu ordnen.

Wiederholte Lektüre
Als Faustregel zum besseren Verstehen taugt die wiederholte Lektüre nicht. Wenn wir versuchen, einen Text zweimal hintereinander linear durchzulesen, werden wir Mühe haben, einigermassen konzentriert zu bleiben. Automatisch beginnen wir vorwärts zu hasten und werden, sobald sich die Frage nach dem Sinn unseres Tuns meldet, unsere Strategie ändern.

Erst wenn sich bei der Zweitlektüre die Lesetechnik von jener der Erstlektüre unterscheidet, wird das wiederholte Lesen fruchtbar. Zum Beispiel kann die zweite Lektüre mit einer einengenden Fragestellung oder mit dem Fokus auf bestimmte Elemente im Text erfolgen. Sie kann dazu dienen, den Inhalt in Form von Stichworten zu notieren. Sie kann durch überfliegendes Durchlesen die Zusammenhänge zwischen den zuvor einzeln studierten Absätzen sichtbar machen. Sinnvoll eingesetzt, verhilft die Zweitlektüre zu einer neuen oder erweiterten Sicht des Inhalts.
- Begründen Sie die Forderung zum zweiten Lesen mit einer neuen Zielsetzung oder durch einen Auftrag, der sich klar von dem der Erstlektüre unterscheidet.
- Begrenzen Sie die Textmenge, die ein zweites Mal zu lesen ist, oder geben Sie für grosse Abschnitte ein hohes Lesetempo und ein globales Leseziel vor (kursives Lesen). Sie verhindern damit, dass sich der Lesevorgang mechanisch und unkonzentriert gestaltet, wie das bei einer schleppenden, langwierigen Zweitlektüre unwillkürlich geschieht.

Wortschatz und Grammatik
Während wir als kompetente Deutschlesende kaum auf die Idee kommen, beim Wort «Flachstahl» eine mit fasrigen Stauden bepflanzte Talsenke zu sehen oder beim Wort «Winkeleisen» an ein leises Winken zu denken, können Wortzusammensetzungen (Komposita) schwachen Lesenden einige Probleme bereiten. Wenn die Arbeitsmittel im Lehrbetrieb mit Mundart-

ausdrücken benannt werden, die sich oft wesentlich von den offiziellen Fachbegriffen unterscheiden, kann auch die praktische Erfahrung nicht weiterhelfen. Noch schwieriger wird die Worterkennung, wenn im allgemeinbildenden Unterricht ein für die Lernenden völlig neues Gebiet betreten wird.

Im Bereich der Zusammensetzung von Nomen (Komposition) und der Ableitung von Wortarten (Derivation) gibt es einfache Regeln, die gerade für Lernende nicht deutscher Muttersprache viel bewirken können. Dazu ein paar Beispiele:

- In einem zusammengesetzten Wort ist das hinterste Wort das Grundwort, das es zu bestimmen und als Erstes zu verstehen gilt. Ein «Drehwerkzeugspannhalter» ist in erster Linie ein Halter, also ein Ding, das etwas festhält. Lassen Sie solche zusammengesetzte Begriffe im Text suchen und zerlegen.
- Direkt vor dem Grundwort steht das Bestimmungswort, das genauere Angaben zum Grundwort liefert. Der «Drehwerkzeugspannhalter» dreht sich nicht unbedingt, aber er hält etwas durch Einspannen. Was genau, wird noch weiter links davon erklärt: ein Werkzeug. Die Bedeutung der Wortteile muss also von rechts nach links erschlossen werden. Lassen Sie zusammengesetzte Begriffe aus dem Text von hinten nach vorne erklären oder umschreiben.
- Die Wortendung «-bar» kombiniert mit einem Verb bedeutet «kann so gebraucht oder behandelt werden», die Endung «-haft» wird meist mit einem Nomen kombiniert und sagt «hat diese Eigenschaft». Also heisst «auswechselbar» etwas anderes als «wechselhaft». Geben Sie diese Regeln an und lassen Sie die Lernenden mit Beispielen aus dem Text arbeiten.
- «Eine mittels Feststellschraube zu sichernde Führungsschiene» ist eine Einrichtung, welche die Benutzer erst sichern müssen, «eine mittels Feststellschraube gesicherte Führungsschiene» ist eine Einrichtung, die bereits gesichert ist. Bei solchen Partizipialattributen handelt es sich eigentlich um Relativsätze, die zwischen Artikel und Nomen zu einem Attribut zusammengefasst werden. Leiten Sie die Lernenden an, Partizipialattribute aus dem Text nach einem vorgegebenen Muster in Relativsätze umzuformen.

Solche Aufgaben machen dann Sinn, wenn sie helfen, schwierige Stellen im Text leichter oder genauer zu lesen.[52] Im Gegensatz dazu bringen zum Beispiel das Abschreiben von Passagen oder das Diktieren von Definitionen kaum etwas für das Leseverstehen. Auch ellenlange Wörterlisten und umfangreiche Wortschatzübungen, die von der Textlektüre wegführen, gehören nicht in eine Textdidaktisierung.

Fragestellungen
Wenn zu einem Lesetext Fragen gestellt werden, verhalten sich diejenigen Lernenden, die über zu wenig differenzierte Textkompetenzen verfügen, selten den Absichten der Lehrperson entsprechend. Sie betrachten die Frage weniger als Anleitung oder Aufforderung zur Arbeit mit dem Text, sondern vielmehr als Überprüfung, ob sie den Text verstehen bzw. verstanden haben. Das Notieren der richtigen Antwort scheint ihnen ein übergeordnetes Ziel zu sein, egal, auf welchem Weg sie zu dieser Antwort kommen. Und dieser Weg führt sehr oft nicht über den Text. Aus diesem Grund sind «unbegleitete» Fragen für den Unterricht mit Texten nicht leseförderend.

In der Didaktisierung von Texten wird immer die Anweisung zum gewünschten Vorgehen mitgeliefert. Es soll ersichtlich werden, auf welche Weise Antworten auf die Fragen zu suchen sind. Sind es echte Fragen, die jedem Lernenden eine individuelle Antwort erlauben? Oder geht es darum, Schlüsselinformationen zusammenzustellen und zu notieren, um sie danach auswendig zu lernen? Sollen die Fragen helfen, den Aufbau des Texts sichtbar zu machen? Oder sollen sie einfach die Aufmerksamkeit der Lesenden auf inhaltlich zentrale Punkte im nächsten Abschnitt lenken, also gezieltes Lesen anleiten? Die Information über das Ziel der Fragestellung ist entscheidend für die angemessene Wahl der Lesetechniken und muss deshalb dem Lesevorgang vorausgehen.
- Formulieren Sie einen klaren Auftrag, der die Fragestellung begleitet. Der Auftrag nennt das Ziel der Aktivität und wenn möglich die Lesetechnik, die zu diesem Ziel führt.

---

52 Siehe dazu: Ohm, Udo/Kuhn, Christina/Funk Hermann, Sprachtraining für Fachunterricht und Beruf. Fachtexte knacken – mit Fachsprache arbeiten (Münster 2007).

- Häufig wird beim Ausformulieren des Auftrags deutlich, dass die Frage selbst sich erübrigt. Ersetzen Sie möglichst viele Fragestellungen durch reine Aufträge. Dadurch erhält der Arbeitsprozess, das produktive Sprachhandeln der Lernenden, das nötige Gewicht, womit Sie ein zentrales Anliegen der Lesedidaktik erfüllen.

4.3.3 Phase 3 – Reflexion

In der herkömmlichen Lesedidaktik erfolgt die Forderung nach Interpretation, Zusammenfassung oder Auswertung oft viel zu früh. Die dritte Phase, die Reflexion, kann erst gelingen, wenn solide Vorarbeit durch Vorentlastung und Inhaltserfassung geleistet wurde. Die Lernenden sollten die Inhaltserfassung eines Texts/eines Textteils abschliessen, bevor sie sich mit dem «tieferen Sinn» oder weiterführenden Fragen beschäftigen.

Auch in dieser Phase kann die wiederholte Lektüre, das Noch-einmal-Lesen (mit einem neuen Auftrag!), als effiziente Arbeitsform eingesetzt werden. Wieder kann auf neue Aspekte der Bedeutung hin gelesen werden, wieder können neue Zusammenhänge aufgezeigt werden.

- Lassen Sie die Lernenden Aussagen und Darstellungen des Texts vergleichen, ordnen, zusammenfassen, kommentieren, interpretieren, grafisch umsetzen, mit Begründung einer Textsorte zuordnen, nach persönlichen Kriterien bewerten, bezüglich Verwendung von Sprache und Stil untersuchen u. a. m.

In der Reflexionsphase sollten nach wie vor alle Überlegungen auf den Text Bezug nehmen, und das Ziel soll weiterhin das Verstehen des Inhalts sein. Im Unterschied zu der Phase der Inhaltserfassung dominieren jetzt zunehmend kritische Überprüfung und persönliche Stellungnahme der Lernenden die Beschäftigung mit dem Text. Was für den Literaturunterricht als selbstverständlich gilt, ist auch für den «objektiveren» Sachunterricht zu berücksichtigen: Zwischen dem blossen Verstehen eines Sachverhalts und seiner Integration ins eigene Wissen läuft ein bedeutender Prozess ab, der weitere Denkarbeit von den Lesenden erfordert. So gilt es insbesondere bei Fachtexten zu reflektieren, wie nun die gelernten Inhalte so repetiert und verankert werden sollen, dass sie an der Prüfung auch zur Verfügung stehen.

- Lassen Sie die Lernenden zu einem im Text dargestellten Sachverhalt (zum Beispiel zu einem technischen Verfahren) eigene Fragen formulieren, eine Arbeitsvorschrift oder Benutzeranleitung schreiben, eine kritische Stellungnahme entwerfen, eigene Varianten oder Änderungen vorschlagen. Fordern Sie auch einmal eine kritische Auseinandersetzung mit der Beschreibung und Darstellung von Fachwissen im Lehrmittel. Geben Sie den Lernenden den Auftrag, Verbesserungsvorschläge zu zeichnen oder zu schreiben.

4.3.4 Phase 4 – Inhaltserweiterung

Die vierte Phase der Arbeit mit Texten, die Inhaltserweiterung, beinhaltet jene Aktivitäten, die stattfinden, nachdem die Lernenden den Text im gewünschten Umfang verstanden und zur Seite gelegt haben. Auf der Basis der aus dem Lesetext gewonnenen Informationen und Ansichten schreiben sie zum Beispiel einen eigenen Text, der sich grundsätzlich im gleichen Kontext bewegen soll, diesen aber auch erweitern bzw. überschreiten darf. Das Gelesene erfährt durch die individuell verschiedenen, kreativen Weiterführungen eine Erweiterung seiner Bedeutung und eine bessere Integration ins Weltwissen.

4.4 Einbezug der Lesetechniken

Die Liste mit den 12 Regeln zum Knacken von Texten bildet das Kernstück des Trainingsprogramms «Techniken des Lerseverstehens».[53]

12 Regeln zum Knacken von Texten

Gewisse Dinge brauchen Sie im Leben immer wieder. Es lohnt sich, solche Sachen anzuschaffen. Wer Ravioli aus der Büchse liebt, wird sich einen Büchsenöffner zulegen.

Die 12 Regeln zum Knacken von Texten sind so etwas wie ein Büchsenöffner. Sie helfen, schnell und kräftesparend an den Inhalt eines Textes heranzukommen. Weil Lesen zu Ihrem Alltag gehört, lohnt es sich, die 12 Regeln anzuschaffen.

Aufwand: Es braucht etwas Fleiss, die Regeln auswendig zu lernen. Denn der sinnvollste Aufbewahrungsort ist Ihr Gedächtnis.

Ziel: Zuerst überlegen Sie sich genau, warum Sie einen Text lesen. Wollen Sie sich einfach einen Überblick über den Inhalt verschaffen (sich orientieren), oder geht es darum, einige Daten und Fakten zu einem Thema herauszuschreiben und zu lernen (Informationen suchen)?

Manchmal genügt es, die Zusammenhänge zu verstehen, ohne alle Einzelheiten zu kennen (im Grossen und Ganzen verstehen), manchmal ist es aber wichtig, von jedem Wort die genaue Bedeutung zu kennen und nichts zu übersehen (ganz genau verstehen). Wenn Sie sich im Klaren sind, wofür Sie einen Text lesen, dann können Sie die passenden Regeln auswählen – und dann erst loslegen mit dem Lesen.

---

[53] Daniel Schiesser/Claudio Nodari, Lesen und Verstehen – kein Problem! Eine Wegleitung für Berufsschüler und Berufsschülerinnen (Bern 2004), S. 20 f.

Einbezug der Lesetechniken

Sich orientieren
1. Ich verwende Inhaltsverzeichnisse und Stichwortregister.
2. Ich achte auf Hervorhebungen, Bilder und Grafiken. Bei einer Zeitung achte ich auf den Bund und das Ressort.

Informationen finden
3. Ich beachte Zwischentitel und Bildlegenden.
4. Ich überfliege den Text und suche nach Stichwörtern.

Im Grossen und Ganzen verstehen
5. Ich überlege mir, was ich über das Thema schon weiss.
6. Ich überlege mir, was für eine Absicht der Text hat (Information, Kommentar, Beratung, Unterhaltung).
7. Ich streiche durch, was ich für den Auftrag nicht brauche, oder ich markiere die wichtigen Informationen.
8. Ich markiere in den wichtigen Textabschnitten die Schlüsselwörter.
9. Ich versuche Wörter, die ich nicht kenne, aus dem Zusammenhang zu verstehen.

Ganz genau verstehen
10. Ich ordne die Informationen übersichtlich (Liste, Zeichnung, Tabelle, Mind-Map).
11. Ich überlege genau, welche Wörter eine logische Funktion haben und was sie bedeuten (z.B.: nicht, doppelt, mehr, kleiner, wieder, noch, inklusive).
12. Ich benutze das Wörterbuch, wenn mir ein Ausdruck nicht klar ist.

Kombinieren der Regeln
Ich lese die Aufgabenstellung genau und überlege, welche Regeln ich anwenden will.

Die zwölf Techniken erheben keinen Anspruch auf Vollständigkeit, zeigen aber in überschaubarer und anwendungsgerechter Weise die wichtigsten Lesetechniken auf, über die Berufslernende verfügen sollen. Im Folgenden wird aufgezeigt, wie die *Regeln* für das Didaktisieren genutzt werden können:
- Benutzen Sie die *Regeln* als Basis, um Leseaufträge zu formulieren. Das Wiederkehren von ähnlich formulierten Aufträgen in den Didaktisierungen hilft den Lernenden, ein Repertoire an Lesetechniken aufzubauen.
- Geben Sie neben den *Regeln* auch das Leseziel für jeden Auftrag bekannt. Wenn die Lernenden wissen, welches Ziel sie mit einem Lesevorgang erreichen sollen, sind sie eher bereit, eine entsprechende Lesetechnik konsequent anzuwenden. Mit der Erfahrung wird den Lernenden der Zusammenhang zwischen einem bestimmten Leseziel und der geeigneten Lesetechnik vertraut werden.

4.4.1 Die Einteilung der zwölf Regeln

Die Einteilung der zwölf Lesetechniken in vier Gruppen ist für die Lernenden eine wichtige Orientierungshilfe. Schon lange bevor Sie die einzelnen *Regeln* im Trainingsprogramm auswendig kennen, können Sie bestimmte Typen von Leseaufträgen den vier Gruppen zuordnen.[54] Damit wissen sie, welche Art des Lesens angebracht ist:
- *Sich orientieren* bedeutet, den Text als Gegenstand mit seinen Eigenschaften wahrnehmen.
- *Informationen finden* entspricht dem gezielten Leseverstehen.
- *Im Grossen und Ganzen verstehen* entspricht dem globalen Leseverstehen.
- *Ganz genau verstehen* entspricht dem detaillierten Leseverstehen.

Die vier Gruppen, für die Lernenden mit den vier «Werkzeugen» Wegweiser, Fernglas, Flugzeug und Lupe symbolisiert, werden im Folgenden weiter differenziert:
Sich orientieren bezieht sich auf die räumliche und materielle Präsenz des Texts. Hier geht es darum, sich vor dem Lesen eines Texts oder Abschnitts

---

[54] Beim Trainingsprogramm «Techniken des Leseversehens» bestimmt die Einteilung in die vier Gruppen den thematischen und zeitlichen Aufbau und macht in dieser Form die drei Arten des Lesens zu einem zentralen Thema.

über Material, Umfang, Textsorte, Darstellungsweise und Platzierung ein Bild zu machen, was erste Hypothesen über den Inhalt erlaubt. *Sich orientieren* gehört zur Phase *Vor dem Lesen* und somit zur Vorentlastung. Was geübte Lesende in Bruchteilen von Sekunden vollziehen, nämlich das Einschätzen eines Textes, müssen Leseschwache erst einmal bewusst üben. Die Unterrichtserfahrung zeigt die oft unterschätzte Bedeutung dieser Annäherung an den Text: Für Lernende mit tiefer Textkompetenz beginnt das Problem des Lesens vor dem Lesen, nämlich bei der unreflektierten Handhabung der Printmedien.

Unter *Informationen finden* folgen zwei Regeln, die einen punktuellen Einstieg in den Inhalt verschaffen. Mit ihnen wird **gezieltes Leseverstehen** angeleitet. Einzelne Angaben, Zahlen, Namen usw. sollen herausgesucht und notiert werden. Bildlegenden und hervorgehobene Textelemente sollen wahrgenommen und in Beziehung zueinander gesetzt werden. Wenn wir nur den Wetterbericht lesen müssen, haben wir damit den Auftrag schon erfüllt. Aber auch für das Lesen grösserer Texte hat diese Art des Lesens eine Funktion. Die punktuellen Informationen, die gewonnen werden, können die Hypothesen, entstanden beim Sich-Orientieren, bestärken, korrigieren, verwerfen. Es findet somit bei den Lesenden eine erste Auseinandersetzung mit dem Text statt, eine individuelle Aktivität, was für das folgende Lesen und Verstehen von entscheidender Bedeutung ist. Sie erkennen erste Strukturen, erfassen grob den Aufbau des Textes. Mit dem gezielten Leseverstehen kann ein fliessender Übergang vom Betrachten zum Lesen gestaltet werden.

Der Teil *Im Grossen und Ganzen verstehen* enthält fünf Regeln, die das **globale Leseverstehen** unterstützen. Sie beschreiben Tätigkeiten, die das Erfassen von Text sowohl vorentlasten als auch begleiten. Die Regeln beziehen sich vorwiegend auf die Phase der Inhaltserfassung, weniger auf jene der Reflexion, zielen also weitgehend auf das Erfassen der im wörtlichen Sinn aufgefassten Textaussage.

Das globale Leseverstehen, bei dem der «rote Faden» oder der «Kerngedanke», also der Verlauf einer Geschichte oder die zentrale Aussage eines Berichts erfasst werden soll, wird häufig als vermeintlich einfachste Aufgabe an den Anfang einer Didaktisierung gestellt. Doch hängt das globale Leseverstehen oft davon ab, dass der Kontext schon ein Stück weit aufgebaut ist. Dann erst können Lesetechniken wie Regel 7 (Ich streiche durch, was ich für den Auftrag nicht brauche …) und Regel 8 (Ich markiere … die Schlüsselwörter) greifen. Das Erkennen der «wichtigen Informationen» sowie der

«Schlüsselwörter» ist bereits das Resultat einer komplexen Abfolge von Gedankengängen. Einerseits müssen solche Lesetechniken im Unterricht regelmässig trainiert werden, andererseits sind sie erst dann sinnvoll, wenn das nötige Vorverständnis für ihre Umsetzung aufgebaut ist. Übrigens fehlt hier nicht zufällig eine Regel, die das «Zusammenfassen des Textes» fordert. Um längere Textteile sinnvoll zusammenzufassen benötigen die Lesenden bereits eine komplexe Folge von Lesetechniken, eine Lesestrategie.[55]

Ganz genau verstehen präsentiert Regeln, welche die Lernenden anleiten, einen Textabsatz vollständig zu analysieren. Mit diesen drei Regeln werden natürlich die Lesetechniken zum **detaillierten Leseverstehen** bei Weitem nicht abgedeckt. Die Probleme beim detaillierten Verstehen sind auch kaum mehr mit einzelnen Lesetechniken zu bewältigen, sondern benötigen Lesestrategien, d. h. auf das jeweilige Problem zugeschnittene Kombinationen von Lesetechniken.[56]

Unter *Kombinieren der Regeln* wird schliesslich die Anweisung gegeben, nach dem Lesen einer Aufgabenstellung die passenden Regeln auszuwählen. Diese Anweisung hat einen den einzelnen Regeln übergeordneten Status und richtet sich an die – zukünftig – autonomen Leserinnen und Leser, die nicht nur die einzelnen Lesetechniken bereits gut kennen, sondern auch ihren Einsatz effizient planen und je nach Leseziel anpassen können. Für Leseförderung bei leseschwachen Berufslernenden wird diese strategische Planung aber von der Didaktisierung geleistet. Die Autonomie kann hier nicht Forderung sein, eher ein individuell unterschiedlich ausgeprägtes Resultat der langfristigen, konsequenten Förderung. Zunehmende Selbstbestimmung in der Wahl der Lesetechniken könnte zwar in einer Didaktisierung als Element der Progression des Schwierigkeitsgrades Platz finden. Für die Lesenden mit geringer Textkompetenz muss aber ganz klar das Kennenlernen, Reflektieren und Ausprobieren einzelner Lesetechniken den Vorrang haben.

---

[55] Eine übersichtliche Darstellung komplexer Lesestrategien findet sich im Ratgeber *Effektiv lesen* von Brigitte Chevalier (2002), S. 91–126. Wesentliche Grundlagen sind die Lesetechniken des Markierens und die des Notierens.

[56] Regel 11 zählt einige Wörter auf, die eine logische Funktion haben. Weiter müssen Präpositionen hinzugezählt werden, die zum Beispiel örtliche und zeitliche Verhältnisse definieren, wie auch Konjunktionen. Chevalier macht eine einfache Einteilung der Konjunktionen nach ihren Funktionen (Chevalier 2002, S. 98).

4.5　Progression der Leseaufträge

Wenn die verschiedenen Arten des Lesens mit unterschiedlichen Zielsetzungen die Arbeit mit Texten prägen, dann verliert die Idee, dass jeder Leser, jede Leserin einen Text grundsätzlich vollständig und bis ins letzte Detail zu verstehen hat, ihre Berechtigung. Das Festhalten an diesem undifferenzierten Leseziel würde den sinnvollen Umgang mit Texten verunmöglichen. Wie auch im mündlichen Unterricht sind die Verstehens- und auch die Behaltensleistungen der Lernenden beim Lesen sehr unterschiedlich.

Allerdings gibt es verbindliche Lernziele, und wenn das Lesen als Unterrichtsmethode seinen Platz behaupten soll, müssen bestimmte zentrale Inhalte von der ganzen Klasse verstanden werden. Mit dem Didaktisieren eines Lesetexts kann die Lehrperson dahingehend Einfluss nehmen, dass alle Lernenden den Kontext eines Texts erkennen, dass alle die Kerninhalte verstehen und dass niemand bei den ersten anspruchsvolleren Details, beim ersten Fremd- oder Fachwort im Text, stecken bleibt. Das wird erreicht, indem der Einstieg in den Text mit kurzen Leseabschnitten erfolgt und von einfachsten Aufträgen begleitet wird, die auch schwache Lesende erfolgreich ausführen können. Mit diesen ersten Aufgabenstellungen sollen die Grundaussage des Texts und die Kerninhalte vermittelt werden.[57]

Um auch die besseren Lesenden zu fordern und zu fördern, wird eine Steigerung des Schwierigkeitsgrades im Lesen und im Ausführen der Aufträge angelegt. Diese Progression der Schwierigkeit bewirkt, dass die Lernenden ihr Arbeitstempo ihren eigenen Lesekompetenzen entsprechend entwickeln können. Sie beruht also auf der Einzelarbeit. Am Ende einer schriftlichen Lektion haben alle Lernenden zeitlich gleich lang gearbeitet, sie haben aber – ihren Fähigkeiten gemäss – unterschiedlich viele Aufgaben zum Text gelöst. Und während schwache Lesende vor allem die Grundzüge und Kerninhalte eines Texts begriffen haben, sind die starken bis zu den anspruchsvollsten Details vorgedrungen, haben bestimmte Textstellen unter unterschiedlichen Fragestellungen mehrmals durchgelesen, haben zusätzliche Informationen zusammengetragen und selbstständig über die Inhalte nachgedacht.

---

[57] Die Progression beruht auf der *Top–down-Inhaltserfassung*, beschrieben im Abschnitt 3.6.

4.5.1 Lesetechniken und Progression

Die Reihenfolge der *12 Regeln* zum Knacken von Texten bildet alleine noch keine Progression ab. Entscheidend für die Schwierigkeit einer Aufgabe ist nicht nur die erforderliche Lesetechnik *(Regel)*, sondern ebenfalls – und hauptsächlich – die Art und Weise, wie die Lesenden angeleitet werden. Relativ komplexe Aufträge können mithilfe einer gut verständlichen, schrittweise gelenkten Aufgabenstellung auch von schwachen Lesenden durchgeführt werden, unpräzise oder fehlende Anweisungen in Aufgabenstellungen stellen hingegen auch für kompetente Lesende Hindernisse dar. Trotzdem kann die Einteilung der «Regeln» für den Aufbau der Progression beigezogen werden. Die folgende Auflistung schlägt einfache Lesetätigkeiten vor, die am Anfang jeder Didaktisierung die Eintrittsschwelle zum Lesen niedrig halten.

- In der Vorentlastung kann mit grafischen Elementen, Abbildungen, aber auch bereits mit minimalen Textelementen wie zum Beispiel Überschriften oder einfachen Bildlegenden gearbeitet werden. Die Vorentlastung darf nicht belasten, sondern soll das Verstehen vorbereiten. Es kommen nur einfache Lesetätigkeiten in Frage, welche die Orientierung im Printmedium oder die Hypothesenbildung unterstützen (Regeln 1 und 2).
- Für den Einstieg in den zusammenhängenden Text (Lauftext) eignen sich einfache Suchaufgaben (gezieltes Leseverstehen), mit denen klar erkennbare, wesentliche Elemente aus dem Text gepickt und in einen sinngebenden Zusammenhang gebracht werden (Regeln 3 und 4).
- Das globale Verstehen gelingt dann auf Anhieb, wenn der Leseauftrag entsprechende Leseziele klar festlegt (Regeln 5 und 6) und die Lesenden vom Verstehen der Details ausdrücklich befreit. Zu Beginn sollten, um nicht Leseängste zu provozieren, kurze Textabschnitte vorgegeben werden. Aufträge zum globalen Leseverstehen sollten deutlich mit «überfliegen Sie» angeleitet werden. Auch Zeitangaben vom Typ «nicht länger als zwei Minuten» können das Lesetempo erhöhen.[58]

---

[58] Die entsprechenden Aufgabenstellungen lauten zum Beispiel: «Überfliegen Sie die ersten zwei Textabschnitte in zwei Minuten und notieren Sie in einem einfachen Satz, worum es im Text geht.» Die Aufgabenstellung «Lesen Sie den Text!» ist als Anleitung zum globalen Lesen zu wenig präzise.

- Das ganz genaue Lesen und Verstehen fällt leichter, wenn zuerst Leseaufträge der orientierenden, gezielten oder globalen Art die Voraussetzungen zum detaillierten Verstehen aufgebaut haben. Deshalb sollten Aufträge zum detaillierten Leseverstehen eher nicht am Anfang der Inhaltserfassung stehen. Auch hier gibt es aber einfache Aufgabenstellungen. Die Arbeit mit den «Regeln» 10 und 11 kann zum Beispiel durch Multiple-Choice-Fragen gelenkt und dadurch erleichtert werden.

Alle erwähnten Beispiele gehören zu den ersten beiden Phasen des Lesens, zu Vorentlastung und Inhaltserfassung. Wenn die Lernenden die wichtigen Textpassagen im Wortsinn verstanden haben, ist die Grundlage für die Reflexion geschaffen – über Inhalte und Form des Texts nachzudenken, die Bezüge zu eigenem Wissen auszubauen, Stellung zu beziehen usw. In der Phase der Reflexion können zum Teil dieselben Lesetechniken (Regeln) wieder zur Anwendung kommen wie bei der Inhaltserfassung, d. h., dass die Arbeitsformen sich nicht grundsätzlich unterscheiden. Aber die Aufgabenstellungen der Phase 3 erfordern meistens mehr Autonomie im Vorgehen und eignen sich deshalb weniger für eine enge Führung der Lesenden.

4.5.2 Binnendifferenzierung

Langsam Lesende werden entlastet und können unbelasteter vorgehen, wenn die Menge der obligatorisch zu lösenden Aufträge eingegrenzt wird. Deshalb sollten die Aufträge für schnell Lesende deutlich als vertiefende Aufträge bezeichnet werden. Durch die Progression in der Schwierigkeit der Aufträge und die Kennzeichnung von fakultativen Aufträgen wird eine Binnendifferenzierung geschaffen. Das Verfahren wird wirksam, ohne dass die Lernenden in Leistungsstufen eingeteilt werden, wie das bei auf unterschiedliche Schwierigkeitsgrade tarierten Aufgabensammlungen der Fall ist. Diese Art der Binnendifferenzierung durch Aufgabenprogression eignet sich deshalb für die erste Beobachtung des Sprachstandes (siehe Kap. 2.4) und für die Förderung bei individuell verschieden raschem Fortschritt einzelner Lernender.

Zusatzaufträge sollen die Progression weiterführen, um auch die kompetenteren Lesenden zu fördern und ihre Kompetenzen anzuerkennen. Es eignen sich vor allem klar auf den Text bezogene Aufgaben der Phase 3 (Reflexion), zusätzliche Texte (zum Beispiel aus einem Lexikon), eventuell auch Inhaltserweiterungen durch die Lernenden. Fleissaufgaben wie Aufsätze sind insofern nicht geeignet, als dass sie kaum als Belohnung für die Zusatzleistungen erfahren werden und keine Leseförderung bewirken.

Kurzanleitung für eine lesetechnische Progression

- Mit einfachen Aufträgen die vier Voraussetzungen zum verstehenden Lesen aufbauen.
- Die äussere Aufmachung, den Rahmen der Veröffentlichung eines Texts berücksichtigen.
- Gestaltung und Struktur eines Texts beachten.
- Kurze Leseabschnitte an den Anfang stellen.
- Den Text vom Gesamten aus zum Detail hin erfassen *(top-down)*.
- Mit einfachen, gelenkten Suchaufgaben auf Schlüsselelemente aufmerksam machen.
- Mit globalen, präzise angeleiteten Leseaufträgen Kontext und Zusammenhänge aufzeigen.
- Kleine, bedeutende Textausschnitte durch Aufträge zum detaillierten Leseverstehen ins Zentrum stellen.
- Interessante Zusatzaufträge zur Förderung der schnelleren Lesenden und als Anerkennung für ihre Leistung gestalten

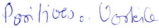
Positives o. Vorteile

4.6 Leitideen für den Einsatz didaktisierter Texte

Die grundsätzlichen Überlegungen zum Einsatz von Textdidaktisierungen im Unterricht werden hier in Form von sechs Leitideen zusammengefasst.
- Die Lernenden entwickeln Kompetenzen im Leseverstehen (Lesestrategien kennen und anwenden).
- Die Motivation zum Lesen wird verbessert (thematische Vorentlastung, klare Aufträge, faire Bewertung).
- Die Stoffvermittlung stützt sich immer wieder einmal auf selbstständiges Lesen.
- Unnötige Sprachbarrieren werden vermieden (sprachliche Vorentlastung, einfach formulierte Aufträge, gute Texte).

- Es wird berücksichtigt, dass Klassen immer heterogen sind (tief angesetzte Progression, Zusatzaufgaben).
- Unterschiedliches sprachliches und kulturelles Vorwissen wird berücksichtigt und wenn möglich nutzbar gemacht.

4.7 Didaktisieren im Schulalltag

In den Weiterbildungen werden die Kursteilnehmenden dazu angehalten, eine ganze Unterrichtslektion über die Didaktisierung anzuleiten. Diese «schriftlichen Lektionen» sollen aber nicht die einzigen Momente bleiben, um die erworbene Lesedidaktik im Unterricht umzusetzen. Die folgenden Vorschläge zeigen verschiedene Möglichkeiten auf, die Lektüre den Anforderungen des Schulalltags anzupassen.

4.7.1 Schriftliches Didaktisieren von ganzen Lektionen

Die «schriftliche Lektion», welche die Lernenden 30 bis 45 Minuten lang in Einzelarbeit beschäftigt, ist eine Unterrichtsform, die den Lesevermeidungsstrategien der Lernenden keinen Raum lässt und die Entwicklung ihrer Lesekompetenzen sichtbar macht. Idealerweise haben die Berufslernenden in regelmässigen Abständen – zum Beispiel einmal im Quartal – die Gelegenheit, zu einem allgemeinbildenden oder fachspezifischen Thema einen Text während einer ganzen Lektion zu bearbeiten. Die Lehrpersonen benötigen dafür eine Bibliothek mit Textdidaktisierungen verschiedener Autorinnen und Autoren, die Inhalte für alle Ausbildungsphasen bereitstellt. Solche Textsammlungen können als gedruckte Publikationen, auf schulexternen oder schulinternen Internetplattformen, in Sammelordnern in den Lehrerzimmern usw. bereitgestellt werden.[59]

---

[59] Vgl. Erika Langhans et al. (2007). Auf dem Bildungsserver *educanet2* ist zudem in der *community* «sims» (Sprachförderung in mehrsprachigen Schulen) eine Sammlung von didaktisierten Texten für die Sekundarstufe I zu finden (Dateiablage → OS-Basel).

4.7.2 Didaktisieren von textorientierten Sequenzen

Im Allgemeinen verändern sich die Arbeitsformen während einer Lektion. Auch unter diesen wechselnden Arbeitsformen soll die Einzelarbeit mit Lehrmitteln, Arbeitsblättern usw. vertreten sein. Wichtig ist auch für kürzere textorientierte Unterrichtssequenzen eine präzise, schriftlich formulierte Aufgabenstellung für die Inhaltserfassung. Zudem empfehlen wir, die Bearbeitungszeit für die Leseaufträge immer anzugeben, damit die Lernenden die angemessenen Lesetechniken zum Einsatz bringen. Die Binnendifferenzierung erlaubt es, mit wenig kompetenten und sehr kompetenten Schülern im gleichen Zeitfenster individuell angemessene, befriedigende Resultate bezüglich Textverständnis zu erzielen.

4.7.3 Ad-hoc-Aufträge zum Lesen

Texte sollen auch dort beigezogen werden, wo die Situation keine Vorbereitung zulässt. Wenn bei den Lernenden Fragen auftauchen, können sie einen Inhalt im Lehrbuch kurz repetieren, ein Nachschlagewerk benützen, eine Information im Internet beschaffen. Dadurch, dass die Lehrperson auf schriftliche Hilfsmittel verweist, stärkt sie die Textkompetenz der Lernenden und bereitet sie auf das autonomere Arbeiten und Lernen vor. Auch hier soll die Lehrperson den Auftrag an der Wandtafel oder auf dem Hellraumprojektor (OHP) notieren, Lesetechniken («Regeln») vorschlagen, Lesezeit und Leseziel vorgeben u. a. m.. Mit der Zeit und mit steigender Lesekompetenz werden die Lernenden auch mündlich abgegebene Aufträge über mehrere Arbeitsschritte hinweg selbstständig ausführen können. Dazu müssen ihnen aber die Lesetechniken und -strategien geläufig sein.

5 Perspektiven für die Ausbildung und Weiterbildung von Lehrpersonen

Wissen und Sprache sind eng miteinander verknüpft. In unseren Schulen wird das Wissen vor allem über Hören und Lesen aufgebaut und nur zum kleineren Teil über praktische Anschauung. In der gewerblichen Berufsschule geht es um das berufsspezifische Fachwissen im Fachunterricht und um das allgemeinere Sachwissen im allgemeinbildenden Unterricht. Bei allen Unterrichtsformen ist Sprache der gemeinsame Code, über den die Inhalte – mündlich oder schriftlich – vermittelt werden. Sprachwissen im Sinne von Wissen über Grammatik, Rechtschreibung und Vokabular – wird hingegen im Regelunterricht nur in jenen Ausbildungsgängen vermittelt, in denen das Fach Deutsch im Lehrplan verankert ist. Aus dieser Situation heraus ergeben sich Fragen:
- Können die Berufsschulen genügende Sprachkenntnis als Basis für die Berufsausbildung voraussetzen?
- Ist es die Aufgabe der Berufsschulen, Sprachkenntnisse zu vermitteln?
- Braucht es das Fach Deutsch an den gewerblichen Berufsschulen?
- Welchen Stellenwert hat die Sprachdidaktik in der Berufsausbildung?
- Welche sprachdidaktischen Kompetenzen benötigen Lehrpersonen an der Berufsschule?

5.1 Anforderungen an die Berufsschulen

5.1.1 Können die Berufsschulen genügende Sprachkenntnis als Basis für die Berufsausbildung voraussetzen?

Die Berufsschulen haben sich darauf einstellen müssen, dass genügende Sprachkenntnisse bei den Lernenden verschiedener Berufszweige nicht vorhanden sind. Verständlicherweise wird gefordert, dass Lernende nach mehrjährigem Besuch der Schweizer Volksschule die nötigen Kompetenzen in Lesen und Schreiben mitbringen. Doch auch bei einer Intensivierung und Professionalisierung des Lese- und Schreibtrainings werden die Berufsschulen mit sehr heterogenen Klassen, mit neu Migrierten und mit einzelnen sprachlichen Antitalenten deutscher Muttersprache rechnen müssen.

Frage 1) kann mit Nein beantwortet werden, weil die Berufsschulen zwar eine Verbesserung der durchschnittlichen Sprachkompetenzen beim Lehreintritt erwarten dürfen, die theoretischen Anforderungen in allen Berufen aber auch ständig wachsen, was höhere schriftliche Sprachkompetenzen erfordert.

5.1.2 Ist es die Aufgabe der Berufsschulen, Sprachkenntnisse zu vermitteln?

Die Berufsschule kann nicht von ihrer Verantwortung für die Leseförderung freigesprochen werden, solange es schriftliche Lehrabschlussprüfungen gibt. Lehrlinge müssen darauf vorbereitet werden. Sie benötigen Lese- und Schreibkompetenzen, welche sich teilweise erheblich von den Anforderungen der Volksschule unterscheiden. Diese Kompetenzen müssen auf jeden Fall und in allen betroffenen Fächern während der Berufsausbildung aufgebaut werden.

Frage 2) ist mit Ja zu beantworten, wobei mit «Sprachkenntnissen» hier die zur Ausbildung nötigen Sprachkompetenzen gemeint sind, und nicht theoretisches Wissen über Wortschatz und Grammatik einer Sprache.

5.1.3 Braucht es das Fach Deutsch an den gewerblichen Berufsschulen?

Ob diese Kenntnisse über ein Unterrichtsgefäss «Deutsch» vermittelt werden sollen, ist nicht einfach zu beantworten. Bei eher bildungsfern aufgewachsenen Berufslernenden und bei solchen mit fossilisiertem (stagnierendem) Sprachstand ist die Wirkung der Förderung im herkömmlichen Deutschunterricht meistens unbefriedigend. Die Verbindung von Deutschförderung mit der Vermittlung von ausbildungsrelevanten Inhalten ist für diese Gruppe viel effektiver, vor allem, wenn Sprachförderung in jedem Unterrichtsfach und in jeder Unterrichtsstunde stattfindet.

5.1.4 Welchen Stellenwert hat die Sprachdidaktik in der Berufsausbildung?

Die Sprachdidaktik soll jeder Lehrperson Instrumente in die Hand geben, um ihre Inhalte den Berufslernenden effizient und nachhaltig zu vermitteln. Gleichzeitig muss sie aufzeigen, welche sprachlichen Kompetenzen im Hinblick auf die Lehrabschlussprüfung zu fördern sind und mit welchen Instrumenten dieses didaktische Ziel erreicht werden kann. Diese didaktisch-methodischen Kenntnisse werden zunehmend ein Bestandteil der Grundausbildung für jede Lehrperson und müssen zudem über Weiterbildungskurse aktualisiert werden.

5.1.5 Welche sprachdidaktischen Kompetenzen benötigen Lehrpersonen an der Berufsschule?

Im Schulentwicklungsprojekt *Deutschförderung in der Lehre* gehen wir davon aus, dass die in den Kursen vermittelten Grundlagen zum Leseverstehen – wie sie hier dargestellt wurden – den Lehrpersonen ermöglichen, die Leseförderung in ihrem Unterricht zu verwirklichen. Die Strategien der Schreibförderung wurden vom IIK bislang im Rahmen des LSB-2-Projekts und an weiteren Weiterbildungen vor allem an Lehrpersonen des allgemeinbildenden Unterrichts weitergegeben. Sollten sich die Aufgabenstellungen der Lehrabschlussprüfungen dahingehend entwickeln, dass auch in den berufstheoretischen Fächern mehr selbstständige Schreibleistungen erforderlich sind – gesehen zum Beispiel in den LAP-Aufgaben für deutsche Metallbauer-Lehrlinge –, so wird die Didaktik der Schreibförderung auch für Fachlehrpersonen unverzichtbar.

5.2 Innovative Deutschdidaktik

Das lesedidaktische Modell, das wir in dieser Publikation vorgestellt haben, hebt sich vom traditionell für die Muttersprachler gepflegten Deutschunterricht ab. Stärker als dieser legen wir den Akzent auf die Überprüfung und Verbesserung der Voraussetzungen für das verstehende Lesen, auf die Verminderung sprachlicher Hürden, die Hilfeleistung über Anweisungen und auf die genau formulierten Aufträge, die Sprachhandlungen anleiten. Einzelarbeit steht bei den Lesesequenzen im Vordergrund, was für viele Lernende einem grundsätzlichen Paradigmawechsel zu den Leseanlässen in der Volksschule gleichkommt. Dieses didaktische Vorgehen wurde im modernen Fremdsprachenunterricht entwickelt und entspricht auch der Didaktik *Deutsch als Zweitsprache* mit der Zielgruppe der Fremdsprachigen, die im deutschen Sprachgebiet leben.

Die Lese- und Schreibkompetenzen, die hier entwickelt werden, entsprechen in ihrem anwendungsbezogenen Charakter den Kompetenzen, wie sie im Gemeinsamen Europäischen Referenzrahmen beschrieben werden. Es ist absehbar, dass die gezielte Förderung der unterschiedlichen Sprachkompetenzen über das Europäische Sprachenportfolio in den Volksschulen mehr Bedeutung erhalten wird und dass künftig mehr Berufslernende praktisch umsetzbare lese- und schreibtechnische Kompetenzen mit in die Berufsschule bringen werden. Trotzdem – als Fazit der Antworten auf die fünf Fragen – sollte jede Berufsschullehrperson die Grundlagen der handlungsorientierten Lese- und Schreibförderung kennen, um ihre Schülerinnen und Schüler für die Lehrabschlussprüfung und auf die spätere Aus- und Weiterbildung vorzubereiten.

5.3   Rückmeldungen aus der Weiterbildung «Texte didaktisieren»

Die Unterrichtsform der «verschriftlichten Lektion» stösst bei Lehrpersonen anfänglich oft auf Skepsis. Es werden Überforderung, Desinteresse oder disziplinarische Probleme bei den Lernenden befürchtet. Die Erfahrungsberichte aus dem Unterricht sind aber erfreulich: Die Lernenden arbeiten mehrheitlich konzentriert und ausdauernd an ihren schriftlichen Aufträgen. Auch Klassen, die als generell unruhig gelten, beruhigen sich während der Arbeit. Einzelne Lernende sind zu Beginn gelegentlich skeptisch, u. a. weil die ersten Aufgaben ihnen zu einfach scheinen. Nach der Lektürearbeit äussern sie sich hingegen mehrheitlich positiv, Einzelne auch mit Begeisterung über die Lektion. Der Erfolg hängt dabei weitgehend von der Qualität der Leseaufträge ab. Auf jeden Fall empfehlen wir aber, den Lernenden eine kurze Einführung in die «spezielle» Arbeitsform zu gewähren, die Spielregeln klar aufzuzeigen und darauf aufmerksam zu machen, dass es sich dabei um etwas «Neues», «Spezielles» handelt. Denn tatsächlich muten wir vielen Schülern zu, was ihnen schon lange nicht mehr oder noch nie zugemutet wurde: Wir versagen ihnen den mündlichen, lehrerzentrierten Kommunikationskanal und verpflichten sie für die Dauer einer Lektion auf den schriftlichen und textorientierten Kanal.

6 Ein didaktisierter Text

Die Didaktisierung «Kein Fairplay für die Arbeiter» stammt aus *Texte für den ABU – Ein Lesetraining* (Erika Langhans et al. 2007). Diese Textsammlung enthält Artikel aus verschiedenen Publikationen, einerseits als unveränderte, allenfalls gekürzte oder vereinfachte Lesetexte im Textheft, andererseits als didaktisierte Version im Arbeitsheft. Alle diese Texte sind als bearbeitbare Dokumente auch im zugehörigen «Handbuch für Lehrpersonen» auf CD-ROM enthalten, was ihre Anpassung an unterschiedliche Bedingungen im Schulunterricht erlaubt. Die Texte sind neun Themenbereichen zugeordnet, die wiederum Bezug auf die Themenfelder des Rahmenlehrplans für den allgemeinbildenden Unterricht an Berufsschulen nehmen.

Die als Beispiel gewählte Didaktisierung kann nur einen Bruchteil der möglichen Auftragsformen zeigen. Textsorte, sprachliche Komplexität und anvisierte Zielgruppe bestimmen die didaktische Ausgestaltung für jeden Text neu. Deshalb will die folgende Bearbeitung nur als Beispiel, auf keinen Fall aber als «Schablone» für neu zu erstellende Textdidaktisierungen verstanden sein.

Ein didaktisierter Text

Bernhard Matuschak*
Kein Fairplay für die Arbeiter

1. Lesen Sie die Einleitung zum Text. Geben Sie dann an, welche Inhalte Sie im Text aufgrund der Einleitung und des Titels erwarten können.

Wir leben in einer Konsumgesellschaft. Die Werbung suggeriert uns: «Wer mehr und teurere Sachen kauft, ist mehr wert und wird glücklicher.»

In diesem Zusammenhang spielen Markenartikel eine grosse Rolle. Durch den Besitz von Artikeln einer bestimmten Marke zeigen wir unsere Zugehörigkeit zu einer bestimmten Gruppe. Oft entsteht sogar ein richtiger Wettstreit darüber, wer mehr Geld für einen Markenartikel ausgegeben hat.

Als Kunden meinen wir vielleicht, dass an einem teuren Artikel alle in der Produktionskette, vom Arbeiter über den Fabrikanten und den Zwischenhändler bis zum Verkäufer, gut verdienen. Doch das ist leider nicht so. Der folgende Text berichtet über Organisationen, die sich für faire Löhne für die Arbeiterinnen und Arbeiter in Niedriglohnländern einsetzen.

Folgendes Thema wird im Text meiner Meinung nach behandelt (kreuzen Sie an):

	ja	vielleicht	nein
Die Verführung der Konsumenten durch die Werbung	☐	☐	☐
Der Wettstreit der Modelabels an den Schulen	☐	☐	☐
Ungleiche Chancen der Arbeitenden im globalen Wirtschaftssystem	☐	☐	☐
Der Kampf für existenzsichernde Löhne	☐	☐	☐

---

* *Spezial: Mode & Märkte*, Nr. 2, Mai 2004 (für den Unterricht angepasst).

2. Stellen Sie sich vor, Sie brauchen ein Paar neue Turnschuhe für den Alltagsgebrauch. Sie stehen im Laden vor dem Regal und müssen sich entscheiden, welches Paar Sie kaufen wollen. Worauf schauen Sie bei Ihrer Wahl? Überlegen Sie sich, was bei diesem Kauf für Sie wichtig ist. Ordnen Sie dann die folgenden Kriterien in der Reihenfolge ihrer Wichtigkeit. Beginnen Sie mit dem wichtigsten.

Preis, Marke, Bequemlichkeit, Farbe, Zweckmässigkeit, Qualität

1. _____ am wichtigsten
2. _____
3. _____
4. _____
5. _____
6. _____ am unwichtigsten

3. Turnschuhe werden in Billiglohnländern produziert. Eines der Produktionsländer ist Kambodscha, ein asiatisches Land, südöstlich von Thailand gelegen. Betrachten Sie das Bild und lesen Sie die Bildlegende. Kreuzen Sie dann an, wie viel Lohn Ihrer Meinung nach ein kambodschanischer Arbeiter für die Herstellung eines Paars Turnschuhe bekommt, die bei uns für 100 Franken verkauft werden.

Wie viel verdient ein Arbeiter pro fertiges Paar?

Mein Tipp:
☐ 40 Rappen
☐ 4 Franken
☐ 14 Franken
☐ 40 Franken

Ein didaktisierter Text

4. Lesen Sie jetzt den Abschnitt I des Artikels. Unterstreichen Sie die Organisationen, die sich in der Schweiz zur «Clean Clothes Campaign – Aktion für gerecht produzierte Kleider» zusammengeschlossen haben.

Kein Fairplay für die Arbeiter

Seit Jahren setzen sich Hilfsorganisationen und Kirchen für fair produzierte Turnschuhe ein, doch von gerechten Löhnen sind Adidas, Nike und Co. nach wie vor weit entfernt.

(I) Gerade einmal 40 Rappen Lohn bleiben den Arbeiterinnen und Arbeitern, die ein Paar Sportschuhe im Wert von 100 Franken produzieren. «Zu wenig», sagt Stefan Indermühle von der Erklärung von Bern und Koordinator der Schweizer «Clean Clothes Campaign» für fair produzierte Kleider. Über 200 Gewerkschafts-, Kirchen- und Dritte-Welt-Initiativen haben sich in der Kampagne zusammengeschlossen – und üben seit Jahren scharfe Kritik an der Ausbeutung in den Zulieferbetrieben.

5. Suchen Sie in Abschnitt I den Betrag, mit dem die Arbeiterinnen und Arbeiter pro Paar Turnschuhe entlöhnt werden. Markieren Sie diesen Betrag in der Liste zu Auftrag 3.

6. Hier sehen Sie den Zwischentitel zum nächsten Abschnitt. Schlagen Sie im Wörterbuch die Bedeutung von «Marge» nach und suchen Sie einen Ausdruck, mit dem Sie «hohe Margen» ersetzen können.

Sportschuhe: Tiefe Löhne, hohe Margen

Sportschuhe: Tiefe Löhne, _____

7. Lesen Sie die drei Aussagen und dann den Abschnitt II.
   Kreuzen Sie an, ob die Aussagen richtig (r) oder falsch (f) sind.

Wenn man den Preis für ein Paar Turnschuhe betrachtet, …	(r)	(f)
… wird am wenigsten davon für die Löhne verwendet.	☐	☐
… ist der Verkaufpreis weniger als hundert Mal so hoch wie die Löhne.	☐	☐
… kosten Werbung und Sponsoring das Zwanzigfache der Löhne.	☐	☐

Sportschuhe: Tiefe Löhne, hohe Margen

(II) Im Jahr 2000 veröffentlichte die «Clean Clothes Campaign» eine Kostentabelle für ein Paar Sportschuhe für hundert Franken: Die Lohnkosten machen mit 0,4 Prozent den geringsten Anteil aus. Die Handelsmarge beträgt mehr als das Hundertfache. Und in Werbung und Sponsoring fliessen 20-mal so viel, wie ein Arbeiter pro Schuh verdient. In den letzten vier Jahren hat sich daran kaum etwas geändert.

«Die Löhne sind ein Skandal, und wer sich für bessere Arbeitsbedingungen einsetzt, muss in einigen Ländern um sein Leben fürchten», klagt Indermühle. Ein Beispiel: In Kambodscha wurde am 22. Januar 2004 ein Führer der Textil-Gewerkschaft ermordet.

Inzwischen verschliessen zumindest einige der Branchenführer in der Sportartikelindustrie die Augen nicht mehr vor der Realität.

8. In Kambodscha wurde ein Gewerkschaftsführer ermordet.
   Markieren Sie im Text die Stelle, die den Grund dafür angibt.

Ein didaktisierter Text

9. Im letzten Satz von Abschnitt II wird die Redewendung «die Augen vor der Realität verschliessen» gebraucht. Kreuzen Sie an, was der letzte Satz aussagt.

   ☐ Einige Sportartikelhersteller erkennen das Problem der Niedriglöhne.
   ☐ Die Sportartikelhersteller sehen die Realität nicht.

10. Lesen Sie Abschnitt III und ergänzen Sie dann den Lückentext, der den Abschnitt zusammenfasst.

Adidas hat _____ für Lieferanten geschaffen.

Von dreissig _____ wird kontrolliert, ob _____

_____ , _____ und _____

eingehalten werden. Nach einer bestimmten _____ muss das

Problem im Betrieb gelöst sein. Verträge wurden meist wegen zu schlechten

_____ aufgelöst.

Kaum ein Hersteller erlaubt externe Kontrollen

(III) Adidas beispielsweise hat mit den «Standards of Engagement» einen verbindlichen Verhaltenskodex für Zulieferer aufgestellt. Weltweit kontrollieren 30 Mitarbeiter, ob Mindestlöhne, Arbeitsbedingungen und Umweltstandards in den Betrieben eingehalten werden. «Wenn unsere Partner dagegen verstossen, erhalten sie eine angemessene Frist, in der sie den Missstand bereinigen müssen. Falls unsere Standards dann noch immer nicht eingehalten werden, beendet Adidas das Vertragsverhältnis», versichert die Unternehmenssprecherin. Bereits vor einiger Zeit habe Adidas den Kontrakt mit 14 Zulieferbetrieben aufgrund gravierender Mängel, vor allem in den Bereichen Lohnzahlung, aufgelöst.

11. Lesen Sie Abschnitt IV und verbinden Sie, was zusammengehört.

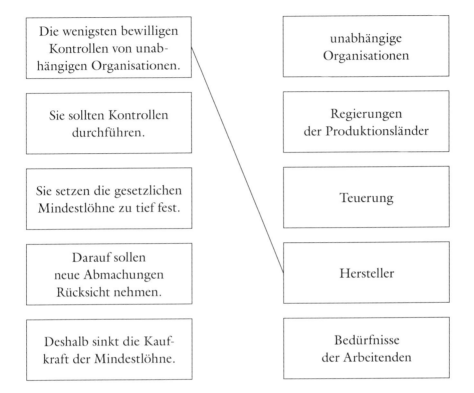

(IV) Dennoch bemängelt «Clean Clothes Campaign», dass die Hersteller kaum externe Kontrollen unabhängiger Organisationen zulassen. Zudem berufen sich die Konzerne beim Lohn auf die gesetzlichen Mindestlöhne in den jeweiligen Produktionsländern: «Diese Löhne sind in der Regel so niedrig, dass sie nicht zum Überleben ausreichen. Ausserdem schmälert die Teuerung oft die Kaufkraft der seit Jahren unveränderten Mindestlöhne», kritisiert Stefan Indermühle. Beispiel Bangladesch: Im Armenhaus des indischen Subkontinents, in dem viele Sportartikelhersteller produzieren lassen, hatte die Regierung 1994 einen Mindest-Monatslohn von damals rund 23 US-Dollar beschlossen. Der nach wie vor gültige Satz ist heute inflationsbereinigt noch knapp 16 Dollar wert. Adidas hat das Problem erkannt und verhandelt mit den Zulieferern über eine neue Vereinbarung. Diese soll sicherstellen, dass die Löhne die Bedürfnisse der Arbeiter decken. Doch von verpflichtenden Vereinbarungen ist auch der Konzern mit den drei Streifen noch weit entfernt.

12. Überfliegen Sie jetzt den ganzen Text nochmals. Ordnen Sie die folgenden Zwischentitel den Abschnitten I bis IV zu und ergänzen Sie die Tabelle.

Zwischentitel	**Abschnitt**
Löhne reichen nicht zum Überleben	
Hilfsorganisationen für faire Löhne in Drittweltländern	
Gefährliche Gewerkschaftsarbeit	
Kontrolle von Löhnen, Arbeitsbedingungen und Umweltverhalten	

7 Literatur

Bernstein, Wolf Z. (1990): Leseverständnis als Unterrichtsziel. Heidelberg: Julius Groos.
Bertschi-Kaufmann, Andrea, et al. (2007): Lesen. Das Training. Stufe II. Seelze-Velber: Lernbuch Verlag.
Bimmel, Peter (2003): Strategisch lesen lernen in der Fremdsprache. In: Zeitschrift für Fremdsprachenforschung, Heft 13/1, S. 133–141.
Chevalier, Brigitte (2002): Effektiv lesen. Lesekapazität und Textverständnis erhöhen. Frankfurt am Main: Eichborn.
Cicurel, Francine (1991): Lectures interactives en langue étrangère. Paris: Hachette.
Efing, Christian (2006): Baukasten Lesediagnose. In: Institut für Qualitätsentwicklung IQ (Modellversuch VOLI) (Hrsg.): IQ-Praxis 2. Wiesbaden. Verfügbar unter ‹http://www.iq.hessen.de› → Veröffentlichungen → Publikationen.
Ehlers, Swantje (1992): Lesen als Verstehen. Berlin: Langenscheidt.
Ghisla, Graziella, et al. (o. J.): Lesewege. Corsico (MI): InterOrbis.
Gogolin, Ingrid (1994): Der monolinguale Habitus der multilingualen Schule. Münster, Waxmann.
Gruver, Sara (2003): Aufbautraining Leseverständnis. Übungen zum sinnentnehmenden Lesen. Mülheim: Verlag an der Ruhr.
Heringer, Hans Jürgen (1987): Wege zum verstehenden Lesen. Lesegrammatik für Deutsch als Fremdsprache. München: Hueber.
Jenkins, Eva-Maria u.a. (Hrsg.) (2000): Erich Hackl, Abschied von Sidonie. Erzählung. Didaktische Bearbeitung für den Unterricht Deutsch als Fremdsprache. Text und Arbeitsaufträge für die Lernenden (2. Auflage). Wiener Werkstatt für Interkulturelles Lernen und Deutsch als Fremdsprache.
Kast, Bernd (1988): Jugendliteratur im kommunikativen Deutschunterricht (2. Auflage). Berlin: Langenscheidt.
Langhans, Erika/Florin, Hortensia/Moser, Karin/Wyss, Ursula (2007): Texte für den ABU – Ein Lesetraining. Textheft. Arbeitsheft. Handbuch für Lehrpersonen auf CD-ROM. Bern: h.e.p.
Menzel, Wolfgang (Hrsg.) (2003): Texte lesen – Texte verstehen. Seelze-Velber: Friedrich.

Neugebauer, Claudia (2005): Anregungen für eine erweiterte Lesedidaktik. In: Sträuli Arslan, Barbara: Leseknick – Lesekick. Leseförderung in vielsprachigen Schulen. Zürich: Lehrmittelverlag des Kantons Zürich, S. 58 ff.

Nodari, Claudio/Schiesser, Daniel (2004): Das Projekt «Deutschförderung in der Lehre». In: Baumann, C., et al.: Das Höhere Lehramt für Berufsschulen: Aus Praxis, Forschung, Geschichte (S. 59–69). Bern: h.e.p.

Nodari, Claudio (2005): Fachtexte verstehen – Trainingsprogramm. Bern: hep-Verlag.

Nodari, Claudio (2005): Umgang mit Texten: Aufgaben statt Fragen. In: Texte verstehen. Berichte aus Praxis und Forschung, Band 2. Hrsg. vom Höheren Lehramt Berufsschulen und Höheren Lehramt am Zürcher Hochschulinstitut für Schulpädagogik und Fachdidaktik (S. 46–54). Bern: h.e.p.

Ohm, Udo/Kuhn, Christina/Funk, Hermann (2007): Sprachtraining für Fachunterricht und Beruf. Fachtexte knacken – mit Fachsprache arbeiten. Münster: Waxmann.

Portmann-Tselikas, Paul R. (1998): Sprachförderung im Unterricht. Handbuch für den Sach- und Sprachunterricht in mehrsprachigen Klassen. Zürich: Orell Füssli.

Portmann-Tselikas, Paul R. (2002): Textkompetenz und unterrichtlicher Spracherwerb. In: Portmann-Tselikas, Paul R./Schmölzer-Eibinger, Sabine (Hrsg.): Textkompetenz. Neue Perspektiven für das Lernen und Lehren. Innsbruck: Studienverlag (Theorie und Praxis. Österichische Beiträge zu Deutsch als Fremdsprache, Band 7).

Schiesser, Daniel/Nodari, Claudio (2003): Texte lesen – kein Problem. Eine Wegleitung für Berufsschülerinnen und Berufsschüler. Bern: h.e.p.

Schiesser, Daniel/Nodari, Claudio (2004): Techniken des Leseverstehens – Trainingsprogramm. Bern: h.e.p.

Schiesser, Daniel/Nodari, Claudio (2006): Leseförderung im Unterricht. In: Institut für Qualitätsentwicklung IQ (Modellversuch VOLI) (Hrsg.): IQ-Praxis 4. Wiesbaden. Verfügbar über ‹http://www.iq.hessen.de› Veröffentlichungen → Publikationen.

Seibert, Waltraud/Stollenwerk, Ulrich (1987): Schritte – Pasos – Passi – Steps – Pas (2. Auflage). Berlin: Langenscheidt.

Seiler, Lilo/Vögeli, Andreas (1993): Leseprofi. Technik – Training – Tricks (ab 4. Klasse). Zell: Zürcher Kantonale Mittelstufenkonferenz ZKM.

Solmecke, Gert (1993): Texte hören, lesen und verstehen. Berlin: Langenscheidt.
Westhoff, Gerard (1997): Fertigkeit Lesen. In: Fernstudieneinheit 17. München: Goethe Institut.
Westhoff, Gerard J. (1987): Didaktik des Leseverstehens. Strategien des voraussagenden Lesens mit Übungsprogrammen. München: Max Hueber.
Willenberger, Heiner (2004): Lesestrategien – Vermittlung zwischen Eigenständigkeit und Wissen. In: Praxis Deutsch, Heft 187, S. 6–15.

Josef Watschinger / Josef Kühebacher (Hrsg.)
Schularchitektur und neue Lernkultur

Neues Lernen – Neue Räume
360 Seiten,
Format 18,5 x 27 cm,
broschiert

Die Schule wird heute immer mehr zu einem Haus des Lernens und Zusammenlebens, in dem eigenaktivem, handlungsorientiertem und selbst verantwortetem Lernen besondere Bedeutung zukommt. Wenn dieser Wandel zu einer Kompetenzkultur gelingen soll, müssen indessen auch die Rahmenbedingungen des Lernens verändert werden.

Eine besondere Rolle spielt dabei die Beschaffenheit der Lernräume. Der Aufbau einer neuen Lernkultur muss durch eine entsprechende Raumgestaltung unterstützt werden. Schulanlagen sollten eigenverantwortliches und selbst gesteuertes Lernen geradezu herausfordern. Im gemeinsamen Dialog müssen Architekten und Architektinnen, Pädagogen und Pädagoginnen, Lernexperten und -expertinnen heute Räume und Raumkombinationen entwickeln, die den Aufbau der neuen Lernkultur optimal unterstützen – durch Neubauten, aber auch durch die konsequente Umgestaltung bestehender Schulen.

Schularchitektur und neue Lernkultur zeigt eine Reihe von Initiativen und Ansätzen aus Deutschland, der Schweiz, Österreich und Südtirol, die in die beschriebene Richtung weisen. In Text und Bild werden gelungene Versuche dokumentiert, Schulraum und -ausstattung in den Dienst der Pädagogik zu stellen.

Daniel Schiesser/Claudio Nodari

Lesen und Verstehen – Kein Problem

Eine Wegleitung für Berufsschüler
und Berufsschülerinnen
28 Seiten, A5, geheftet

Lesenkönnen ist nicht angeboren. Es ist erlernt und kann leicht wieder verlernt werden. Hier gilt dasselbe wie beim Fussballspielen oder Trompeteblasen: Wer nicht übt, kommt nicht in Form und verlernt es mit der Zeit.

Die vorliegende Broschüre ist ein Hilfsmittel zur Entwicklung der Lesekompetenz. Sie ist als Wegbegleiter durch die ganze Lehre gedacht und gibt konkrete Tipps, wie Lesen mit den richtigen Techniken Freude bereiten kann.

- Fragebogen zu den Leseerfahrungen
- Checklisten für die Selbsteinschätzung der Lesekompetenz
- Mögliche Trainingsprogramme
- Zwölf Regeln zum Knacken von Texten
- Sechs Tipps für die Lese-Fitness

Lesen und Verstehen – *mit h.e.p.* kein Problem

Daniel Schiesser / Claudio Nodari

Techniken des Leseverstehens – Trainingsprogramm

64 Seiten, A4, broschiert

Claudio Nodari

Fachtexte verstehen – Trainingsprogramm

48 Seiten, A4, broschiert

Claudio Consani / Claudio Nodari

Mathematikaufgaben verstehen – Trainingsprogramm

48 Seiten. A4, broschiert

Nicht wenige Jugendliche und Erwachsene setzen unproduktive Lesestrategien ein, die sie unbewusst entwickelt haben. Mithilfe von Trainingsprogrammen können solche Entwicklungen korrigiert, kann die Lesekompetenz verbessert werden.

Die Berufsschulen empfehlen solche Trainings allen Lernenden, die im Leseverstehen Niveau B1 nicht erreichen. Die für die Berufsschule massgeblichen Lesekompetenzen sind detailliert dargestellt in *Lesen und Verstehen – kein Problem* (ebenfalls bei h.e.p.). Falls die Zielgruppe das Niveau A2 nicht erfüllt, sollten Texte und Übungen angepasst werden.

Lesen und Verstehen – *mit h.e.p.* kein Problem

Lesen und Verstehen – mit h.e.p. kein Problem
Texte für den ABU – Ein Lesetraining
Arbeitsheft
212 Seiten, A4, broschiert

Textheft
96 Seiten, A5, broschiert

Handbuch für Lehrpersonen
CD-ROM

Der Sprachunterricht an Berufsschulen im Rahmen des allgemeinbildenden Unterrichts wird sich künftig verbindlich an die didaktischen Prinzipien des Gemeinsamen europäischen Referenzrahmens für Sprachen (GER) und des Europäischen Sprachenportfolios (ESP) halten müssen. Auf die neuen Gegebenheiten ist dieses innovative Lehrmittel zugeschnitten. Es enthält didaktisch aufbereitete Lesetexte, die auf die Arbeit mit der Broschüre *Lesen und Verstehen – Kein Problem* (bei h.e.p.) präzise abgestimmt sind. Die Auswahl von Texten aus Zeitschriften, Zeitungen und belletristischen Werken berücksichtigt eine massvolle Progression von Niveau A2 zu Niveau B2 und bietet zugleich wichtige Inhalte, die in jedem Schullehrplan von gewerblich-industriellen Berufsschulen, aber auch an vielen kaufmännischen und gesundheitlichen/sozialen Schulen enthalten sind. Der Aufgabenteil zu den einzelnen Texten ist dabei wie folgt strukturiert: Vorentlastung (I) • Inhaltserfassung und Inhaltsvertiefung (II) – Vorschläge zur Inhaltserweiterung finden sich auf dem Handbuch für Lehrpersonen auf CD-ROM. Der Band folgt dem roten Faden im Bereich Kommunikation/Konflikte innerhalb der Lehrplanthemen. Weitere Bände mit anderen Schwerpunkten sind geplant.